# 개망초 너는 왜 그리 화려한가

# 개망초 너는 왜 그리 화려한가

이내빈 시집

신아출판사

## 작가의 辨

칠십이 넘은 나이에 문학과 동무가 되었습니다.
늦었다고 생각할 때가 가장 빠른 때라고 생각하면
그리 늦지 않았다는 생각도 들었습니다.

어느 때부터인지는 몰라도 막연하게
글을 써야 겠다는 생각이 들었지만
일을 핑계로, 또는 여러가지 이유로
글을 쓰는 일은 항상 우선순위에서 밀려났습니다.

공직 퇴임 후 십 년의 세월이 흘러가고
종심從心의 나이를 넘기면서
더 이상 미룰 수 없다는 생각에 배수의 진을 치고 덤벼
들었습니다.
문학을 통해서만이 남은 생을 버틸 수 있다는 생각이
들었습니다.

그러나 마음과 육신은 이미 많이 오염되어 있었고
그것을 해독하지 않고서는 한 발도 나아갈 수 없다고
생각되어

한동안 두문불출하며 매진하였습니다.

자나깨나, 기쁠 때나 슬플 때나, 외로울 때나
누군가가 간절히 그리울 때나 시만을 생각하면서
시를 지었습니다.

시인이 되기 위해 시를 쓴 것이 아니라
시를 쓰기 위해 시인이 되었습니다.
시를 쓰면서 간절했고
시를 쓰면서 외로웠고
시를 쓰면서 행복했습니다.

혼신을 다했다고 생각하지만
부족함이 많은 시들을 부끄러운 마음으로
세상 밖으로 내보내게 되었습니다

여기에는 《시사문단》, 《신아문예》, 《월천문학》, 《가온문학》 등 월간 및 계간, 동인지에 투고한 수십 편의 작품들도 실려 있음을 밝혀 둡니다

문학의 길에 많은 도움을 주신 정군수 시인님과
월천문학, 빈여백 동인, 신아문예대학작가회 회원 여러
분께 감사드립니다.

또한 문학의 활성화와 저변 확대에 평생을 바쳐 혼신을
다하신 신아출판미디어그룹 서정환 이사장님과 관계자
여러분께 깊이 감사드립니다.

또한 사랑하는 가족들, 특히 손녀딸 슬아와 손자 은우
에게 좋은 선물이 되기를 기대해 봅니다.

아직은 먼길이지만 그러나 천천히
시인이란 시를 쓰는 순간에만 존재한다는 사실을 곱씹
으며 혼을 바쳐 시를 쓰겠습니다.

2019년 2월

高德山이 바라보이는 松現齋에서

# 목차

2부

## 이별이 못내 아쉬워 못다 한 이야기를 바람결에 실어 보내고

3부

## 뼛속 깊이 파고드는 허망한 실체를 찾아 헤맨다

4부

## 우리에겐 아직 열두 척의 전선이 남아 있습니다

5부

## 뽀로로 붕붕이랑 시장놀이 어떨까요

# 1부

# 늙는 것이 아니라
완성을 이루는 빛나는 시간이다

# 개망초 너는 왜 그리 화려한가

저물녘 갈색 노을이
둔치에 드러눕고
잔물결은 바람을 노래한다
풀꽃이라고
말하기엔 너무나 꽃인 것이
지천으로 깔려 있는 여린 개망초
소금을 뿌려 놓은 듯
강변의 고요를 휘저으며
사파이어의 깊은 향기처럼 눈부시게 빛난다
일망무제로 하늘을 메우는 보랏빛 향기
슬픈 오후를 어루만지고
나비떼는
또 하나의 꽃이 되어
햇빛처럼 부서진다
잡초에 섞여 잡초같이 피는 꽃
바람결 마다마디 향기 나르며
이글거리는 태양을 받아들인다
시간의 소리를 알아듣는 듯

개망초란 이름을 숙명처럼 부여안고
하얀 뭉게구름 속으로
목마른 여름을 피워 낸다
풀 한 포기 돌멩이 하나
함께 일어나
한 조각 구름마저 끌어안으며
사람 없는 강가에서 눈이 시리다

## 전설傳說

기린토월麒麟吐月에
산안개 깔려
목마름으로 밤이 일어서면
경기전慶基殿 노매老梅는
밤새 열병을 앓는다

하롱대는 꽃봉오리
치마폭에 감싸안고
은하물로 젖 물리어
가슴 부르트며 밤새 피워낸다

굵은 주름 패어
굽고 휘어진 등어리엔
고운 향 배어
천년도 피워낼 듯 하늘을 우러른다

머언 날 한벽루 전설로 남아
풍상을 견뎌온 매향을 물고
긴 세월 버무려진 삶의 흔적을
승암산에 흩뿌리는 바람이 되리

# 4월의 꿈

태양이 솟고 이슬 녹아내리면
밤새 그리움으로 몸살을 앓던
창백한 작은 비늘들
천천이 연녹색 바다가 된다
허기와 갈증으로 신음하던 나목은
끝내 온몸으로
진로를 확보하고 혓바닥을 내민다
녹슨 떡갈나무가 비로소 반짝이기 시작하자
연녹색 바다는 태양을 향해 환호한다
가볍게 흔들리는 작은 몸뚱아리
바람은 다습게 어루만지고
여린 잎은 함성을 내지르며
산을 오른다
아침에 눈떠 바라보는 산기슭은
밤새워 꿈을 이뤄낸 푸르름의 천국
태양은 부드러운 이빨로 어린잎을 간지럽히고
말간 사월이 밀물처럼 번져나간다

## 신리의 봄

겨우내
숨결을 결박했던 단호한 결빙은
재 넘어 불어오는 훈풍을 업고
풀잎을 적시며 월암천을 깨운다

투명하게 숨쉬는 작은 물길들
박이뫼산과 이별하고
월암교까지 단숨에 내달으며
전주천을 적신다

혹한과 한풍을 견뎌내며
서로를 끌어안고
허들링으로 몸을 녹인
봄을 기다리는 나목들

고덕산 넘어오는 양풍은
쑥 캐는 여인의 귓불을 간질이고
뾰족이 손 내미는 어린 생명을

보듬어 어루만진다

그제사
얼어붙은 대지는
거친 숨을 고르고
삼라만상과 뜨겁게 입맞춤한다

# 담쟁이

오르고 또 오른다
벼랑이건 담벼락이건 개의치 않는다
그가 오르지 못할 것은 아무것도 없다
아무리 척박해도 오르기를 멈추지 않는다

그는 혼자가 아니다
수백 수천의 동료들과 함께한다
앞서거니 뒤서거니 누구랄 것 없이
같은 방향으로 오른다

서로 손잡고 함께 올라간다
천천히 천천히 흠뻑 젖으며 온몸으로 오른다
낙오된 동료를 위해 기다렸다
서두르지 않고 조금씩 나아간다

절망이 아닌 희망을 향해 올라간다
돌아설 수 없는 길
수직의 벽에 붙어 날을 새우며

푸르름으로 손짓한다

손끝으로 알아가는 세상
눈부시게 빛날 초원을 기다리며
고달프고 힘든 세월을
낮은 포복으로 더듬거리는 먼 길

# 고덕산 벚꽃

사월이면 고덕산은
온통
희끗희끗 기계총으로 번진다

산등성이 마저
뭉게구름 가득한 파란 하늘을
색종이 오려내듯 예쁘게 그려낸다

오리정의 별리
돌아올 기약없는 이몽룡을 보내고
단장을 움켜쥐는 성춘향의 애절함을
홍건한 향기 뿜어 감싸 안는다

비라도 내리고
바람에 흔들리면
이슬로 행구어낸 말간 꽃이파리
수즙은 향기 타고 흘러 퍼진다

꽃향기로 버무려진 좁은목 약수터는
오가는 길손에게 한가로이 손짓하며
땀 냄새 묻어나는 고단한 일상을
토닥이며 안아준다

# 아카시아꽃

천상의 선녀인 듯
산허리 굽이치는 희디흰 꽃이파리
향긋한 꽃내음에 솟구치는 그리움은
꽃 목걸이 목에 걸던 옛날로 피어난다

선잠에서 깨어난 부스스한 꽃잎들
이슬로 씻기우면
바람에 흔들리는 젖은 얼굴 예뻐라
햇살도 부끄러워 구름 속에 숨는다

꽃보라 비가 되어
산천에 휘날릴 때
산머리 휘감기어 불타는 저녁놀은
백옥 같은 하얀 잎을 발갛게 물들인다

내년에도 피어올까
애타는 마음
지는 꽃 바라보며 가는 님
보내듯이
고이 접어 묻는다

# 강둑에 앉아

강바람이 솔솔
귀엣말로
봄을 속삭입니다
목련 꽃잎 하나가
강물을 타고
흔들흔들 흘러갑니다
나는 멀리서 강물 따라 달려오는
달콤한 봄 내음에 흠뻑 젖어 봅니다
문득 어릴 적 어머니와 함께
강둑에 앉아 부르던 노래를 불러 봅니다
비늘 같은 물결이
가는 햇살에 반짝입니다
멀리 강 건너 뱃사공은
노닐 듯 노를 저으며 한가롭습니다
나는 흘러가는 강물 따라
가만히 소리쳐 봅니다

어머니 당신을 사랑합니다

## 완산칠봉

꽃이 좋아 가보니 완산이라네
산이 좋아 가보니 칠봉이라네
봄이 되니 꽃이 피고 여름 되면 녹음방초
가을 되니 열매 맺고 겨울 되면 눈꽃 피네
에헤야 디헤 상사디야

매화봉을 시작으로 탄금 용두 백운 거쳐
무학 옥녀 올라오니 장군이라네
얼씨구 절씨구 지화자 좋구나
꽃동산이 좋구나 완산칠봉이라네

산이 불러 가보니 완산이라네
숲이 불러 가보니 칠봉이라네
용머리제 거리에는 녹두장군 흔적 묻어
장승백이 내려보면 장승네들 생각나네
에헤야 디헤 상사디야

도화봉을 시작으로 매화 금사 모란 거쳐

선인 검무 올라오니 장군이라네
얼씨구 절씨구 지화자 좋구나
숲동산이 좋구나 완산칠봉이라네

# 나팔꽃

파란 바람으로
아침이 깨어날 때
꽃잎은 햇빛으로 반짝인다

밤새 고뿔을 앓던
새벽이 웅크리고 앉아
낮달로 뜨고 싶어
성큼 발걸음 내딛는 시간

가랑비 되어 내리던 이슬이
길가 풀섶에서
잠시 몸을 추스른다

머리카락 헝클던 거친 손은
길가 아무렇게나 서 있는
청초淸楚를
요람에 태우고 사뿐사뿐 걷는다

나는 입맞추고 싶지만
아침 햇살이 먼저 와 있다

내가 꽃이라고 부르자
수줍은 듯 팔 벌리며
고운 향 풀풀 날린다

# 별에서 온 꽃

희다 못해 차라리 무색인 것을
순백의 그리움 소쩍새 울음 타고
엄마 젖 내음 같은 말간 향 풀어낸다

별처럼 슬픈 꽃 달처럼 서러운 꽃
여린 꽃잎 바람에 떨고 꽃술 흔들릴 때
별나라 엄마가 보고 싶어 꽃가루 흩날린다

고향 그리워 꽃잎 틔우고
보고픈 이 보고파서 향기 흩날리며
활짝 웃는 작은 꽃송이

사랑하지 않으면 꽃 피울 수 없는 순리
가시에 온몸 뚫려 피투성이 견디며
순백의 고운 자태 송이송이 피어난다

엄마 손 잡고 나들이 나왔다가
지구에 떨어져 미아된 별 소녀
밤마다 별 보며 날마다 해 보며
엄마 보고파 향기로 소리 지르는 슬픈 찔레꽃

# 봉선화

장독대 옆 옹색한 자리
비집고 피어나
여름을 지킨다
비바람 몰아치고
천둥 번개 지나가도 여린 몸
흔들리며 사랑을 놓지 않는다
누군가를 기다리며
활짝 핀 세월
꿋꿋이 변치 않고 지켜온 초심
손가락 끝 물들이며
밤새 울었네
분홍빛 선연할 때
웃던 사랑은
강물따라 흐르는 낙화가 되어
이별에 손 흔들며
눈물도 기도라는 걸 알게 되었네

## 쑥떡

봄은 쑥 냄새와 함께 온다
봄바람 타고 소박하게 온다
짙은 향 피우며 지천으로 피어나
잡초 무성한 유배지에서 끄떡없이 버틴다

대지를 덮는 훈풍은 수맥을 끌어내고
들녘과 밭두렁을 뒤덮으며
젖빛 솜털 날리는 쑥
바쁘게 봄을 나른다

쑥은 낭만으로 다가온다
분홍색 스카프 목에 걸고
나물바구니 옆구리에 둘러맨
쑥 캐는 여인의 몸빼 바지에 곱게 서린다

비옥과 척박을 불문하고 뿌리내리는 쑥
정겨운 이웃사촌이다
배고픈 보릿고개

쑥을 먹고 쑥떡을 먹고 쑥물을 먹었던
그런 세월이 있었다

오월에 먹은 쑥떡 한 개
이웃집 친구 같은 쑥 향기에 목이 메이고
어머니의 손 냄새 묻어 쑥떡은 옛날로 달려온다
깊숙한 내 유년을 선반 위에 올려놓고
둥그런 쑥떡이 그리움으로 운다

# 달빛연가

정갈한 찬바람이 달빛을 물어내니
툇마루 걸터앉은 나그네 한갓지다
달 길어 목축이니 매향이 향기롭네

꿈마다 오매불망 그리운 님이시여
활짝 핀 매화 향기 한 송이 꽂아놓고
님인듯 바라보니 밤새워 잠 못드네

어젯밤 꿈속에서 찾아온 님이시여
꽃 본듯 반가움에 흥건이 취하였네
달빛에 편지 띄워 내 마음 전하리라

# 산책길

억경대 오르는 길
고즈넉한 삼경사
스님의 독경 소리 청정하고
바람 소리 푸르다

야트막한 산기슭
돌탑 몇 기
풀섶에 묻힌 기원
노승은 풀잎을 베히고 합장을 한다

바람은 무더위 내려놓아
대이파리 가볍고 선선하다
매미 소리 잦아들고
종다리 울음 한결 청명하다

주황빛 노을 먼발치에 걸려 있고
호박잎 따는 아낙 한가롭다
외딴 초가집 저녁연기 피어오를 때
남고사 동종 소리 깊고 은은하다

## 산

산은
먼곳에 있다고 느껴질 때
감당할 수 없는 아득한 깊이로
달빛 스민 바다가 되어
어머니처럼 내 앞에 서 있다

바람 불면 어깨로 바람을 막아내고
눈보라 서슬에도 오히려 오붓하며
빗줄기 출렁일 때 혼자 가슴으로 떠안는다

산은 침묵으로 고독을 이겨 내고
체온으로 싹 틔우고 꽃을 피우며
풀 한 포기 돌덩이 하나까지 놓치지 않는다
산은 중언부언하지 않고 평화를 지켜낸다

세상이 뒤채이며 무너져 갈 때
포효하듯 온몸으로 울고
인생의 물보라가 칼처럼 휘어질 때

바람과 비를 호흡한다

깊이를 알 수 없는 천 길 물속처럼
무게를 알 수 없는 천 근 바위처럼
산은 어머니가 되어
흔연히 그 자리에 서 있다

# 국화

아내가 국화 축제에 갔다가
국화 한 다발을 사왔다
화병에 노오란 꽃을 꽂고
갈대 몇 잎을 덧대니
늦가을의 국향이 짙게 배어난다
덩달아 따라온 파란 하늘 한 자락이 펼쳐지고
가을이 온 방안에 차고 넘친다
화병에 꽂혀있는 꽃들이 뒤치락거리며
낯선 분위기에 들떠 수런거린다
꽃이야 어디 간들 피어나겠지만
고향을 떠나온 꽃들이 갑자기 안쓰러워진다
이슬만큼이나 하겠냐마는 분무기로 물을 뿌리고
고향처럼 분위기를 띄워본다
흙냄새가 그리운 꽃들이
못 견디게 그리워 할 고향을 생각하니
내 딴에는 미안한 생각이 든다
아내 탓을 할 수도 없고
그런 내 마음을 아는지
밤새 은근한 향을 한껏 자랑한다

# 낙엽

엊그제
내게 다가와
반짝이던 어린잎

꽃도
잎도
순식간에
떠나 버렸네

껴안아 볼 겨를 없이
어느 날 세월은 가고
낙엽 되어 홀로 떠났네

꽃 피고 무성하던
그리움 남겨놓고
지금은 가고 없는 님

그대 올 날 애타게 기다리며
하늘만 바라보네

## 나이테

해가 지면 어둠은 산을 지킨다
온갖 것 소리없이 잠자는 시간
바람에 흔들리며
나무는 내일을 준비한다
하루의 자연을 기록하고
새들의 속삭임도 새겨 넣는다
풀벌레 한 마리가 사람들의 발자국에 찍힐 때
들렸던 비명소리조차도 빼놓지 않고
제 몸속에 간직한다
비바람과
덥고 추운 날을 기억하고
고통과 상처도 흔적으로 남긴다
잎과 꽃을 틔워 내고
폭풍에 흔들리던 아픔도 가슴으로 쓴다
밤이 깊어갈수록
숲속의 나무들은 서로의 정보를 교신하며
긴장으로 팽팽해지고
과거를 온전하게 기억할 동심원을

천천히 만들어 간다
생성과 소멸의 역사가 보존되는 순간이며
늙는 것이 아니라 완성을 이루는 빛나는 시간이다
나무는 제 몸속에 오롯이 그의 역사를 기록한다

# 산촌풍경

산기슭 오두막 낮달처럼 졸음 겹다
지게 위 쇠풀 한 바작 눅진하고
이랑을 메운 고구마 이파리
바람에 젖어 흔들린다

마당 한 켠
봉숭아 채송화 앙증맞고
빨갛게 물들여질 예쁜 손가락
그리움 펄럭이며 가슴 젓는다

철이른 코스모스 구색 맞추고
해바라기 몇 그루 껑충 서 있다

황금빛 햇볕 눈부시게 깔리고
풀섶 사이로 잔바람 지나가니
개미 떼 종종거린다

장에 갔던 할머니 손녀딸 불러내니
졸던 강아지 달랑거리고
염소 한 마리 음~메 음~메 화음 넣는다

# 2부

## 이별이 못내 아쉬워
## 못다 한 이야기를 바람결에 실어 보내고

# 싸전다리

밤새 여명을 기다리던
농사꾼의 보따리가
작두날처럼 푸른 새벽 속으로
안개를 뚫고 길을 나선다

싸전다리는 기다렸다는 듯
희뿌연 안개를 걷어내며
파시처럼 팔딱거린다

싱싱한 가슴을 열어젖히자
먹이를 찾아 나선 하이에나처럼
낯선 얼굴들이 힐끗거린다

삶을 태우는 열기는 잉걸불이 되고
격전의 순간마다
아이들의 함박웃음을 떠올리며
전황을 제압한다

기린봉 넘어 아침이 올라오자
전장처럼 허물어진 장터는
소박한 너털웃음에 묻히고
콩나물국 한 사발에
충혈된 눈동자를 적신다

# 허공의 사투

중력 부재의 허공은
손끝을 자르는 혹한의 무대

겨울 햇빛이 차갑게 반사되고
거미줄에 매달린 한 마리의 거미는
빌딩의 유리창에 늘어붙은 세상의 오염과 사투를 벌인다

빈곤의 깊이를 알 수 없는 삶은
허공의 칼바람과 공방을 벌이며
연소되어 가는 체력의 한계에도 불구하고
생명을 담보하며 일상을 껴안는다

수직으로 떠 있는 점 하나가 허공을 이동할 때마다
도로 위의 군상들은
이리 떼처럼 먹이를 찾아 헤메고
두려움은 조금씩 경련을 일으키며
로프를 잡은 손에 묻어오는 야비한 겨울의 공격

쓰디쓴 단내가 목구멍을 타고 올라올 때
변두리를 살아내는 하루는
한 발 디디면
낭떠러지가 되는
물러설 수 없는 한판 승부에 몸을 던진다

# 징검다리

길손에게 내어준 신산辛酸의 세월
깊은 자국 남기고 무심히 묻혀있다
구담과 회룡마을 오며가며 웃던 곳
부서지는 포말 되어 옛날도 흘러간다

섬진강 찾아가는 실핏줄
물결 사이사이 들꽃 향 스며들고
애기똥풀 수런대는 어리광도 업어 내며
여울목에 이르러 환호하는 함성소리
징검다리 이르면 얼싸안는다

설풋 어둠 깔린 검붉은 물길
가뭇없는 그리움에 뒤돌아보며
넓은 등에 업혀 있는
시린 이야기
목놓아 울다가 다시 흐른다

단단하고 듬직한 징검다리
어릴 적 무동을 타던 아버지의 어깨 같다

# 물수제비

강물은 무료한 듯 졸음 겹고
오리 한 마리 여유롭다
나는 팔매질을 해 본다
담방담방 동심원을 그리다 주저앉는다
강물은 짧은 입맞춤이 못내 아쉬운 듯
한참을 흔들리다 잠잠해진다
둥글넓적한 돌멩이에 마음속으로 편지를 쓴다
사랑하고 싶다고 쓰고
물수제비라 읽는다
허무하고 차가운 짧은 입맞춤이
꽃이 되고 별이 되어
강물은 피어나고 강물은 또 빤짝여서
사랑할 수 있으면 좋겠다
팔매질한 돌멩이가
팽팽한 달음박질로 통통통 소리 내며 달려간다
내 마음과 함께 달려간다
강물과 함께 달려간다
움푹 파인 물수제비는 별빛 같은 사랑을 채우며
달리는 강물을 타고 우주를 찾아간다

# 남부시장 수선집

남부시장 골목에
단골 수선집이 있다
청바지를 줄이고
옷소매를 꿰매주는 수선집

옷가지며 실패가 널부러진 작은 공간에
떡 버티고 있는 재봉틀 한 대

중학교를 졸업하고 시골에서 올라와
육남매를 키우고
대학을 보내며
세월을 꿰매줬던 재봉틀

일감 쌓이는 날밤도 꿰매며
한여름 땀방울도 꿰매며
아팠던 외로움도 꿰매줬던 재봉틀

상처난 자존심도 꿰매고

여기저기 터져버린 인생도 꿰매며
한 땀 한 땀 수없이 박고 박던
낡은 재봉틀

관절 삐걱거리는
주인 닮은 재봉틀
오늘도 쉬지 않고 드르륵
드르륵 털털거린다

# 화암사花巖寺

치켜세운 초승달이
댓돌 딛고 문설주에 기대면
극락전 처마끝에 염불 소리 걸린다

부처 위에 얹힌 천년 선경
불명산 그리매에 포근히 감싸 안긴
늙디늙은 젊은 절
호롱불 여위듯 그리움에 지친다

흔들리는 댓잎 되어 잠 못 이룬 회한
속세의 연 티끌조차 살라 내려
미망의 긴 긴 세월
벼랑 위의 적막을 깎아내린다

시루봉 바람결에 켜켜이 쌓인 번뇌
한 줌 재로 흩뿌리고
동종의 천년 울음 구름 타고 날아가

도솔천 깊은 곳에 은은히 울릴 때면
우화루에 매달린 목어 한 마리
꽃비에 취해 밤이 하얗다

# 순천만에서

노을을 향해
갈대숲을 걸었다
늦가을 바람 허허롭고
회색 머리가 간단없이 흔들린다

갯바람이 바다를 물고 들어올 때쯤
남해의 섬들은 수평선 넘어로 결박을 풀고
갯벌로 먹칠한 짱뚱어
농게를 쫒아 팔딱거린다

휘어진 물길따라 바다가 올라오고
해룡에서 이사천과 동천을 만나더니
완만하게 노을을 즐긴다

산등성이에 갈바람 스며들고
산봉우리 잔달음 칠 때
흑두루미 고향 찾는다

수평선 졸리운 듯 눈이 감기고
홍의 단청 칠면초 너울거리면
하루가 풀꽃처럼 웃는다

# 5월의 산

초록으로 싱그러운 오월의 산
비린내 같은 향기로 가득하다

연록색 이파리들 생선처럼 팔딱거리면
바람의 끝자락에 실려오는 초록의 향기

종달새가 울어대면 꾀꼬리가 대답하고
뻐꾹새가 울어대면 부엉이가 화답한다
딱따구리 시샘하며 다다다다 닥닥닥닥

초록의 카페트에 풀꽃 향 스며
파도처럼 밀려든다
상수리나무 기지개 켜며
눈부신 햇살에 얼굴 내민다

오를 때 무념이요
내려올 때 무상이니
청산이 이곳이고 부처가 여기 있다
부질없는 인간사가 발아래 엎드리니
하늘은 잠시 내려와 오수를 즐긴다

# 객토

한 해의 농사가 끝나면 객토가 성행했다
푸석하고 기름기 빠진 논에
거름이나 새 흙을 넣고 갈아엎는다

그해 농사는 풍년이다
땅심을 찾은 탓이다

사람이나 땅이나 마찬가지다
척박해진 육신은 객토가 필요하다
그래야만 심안心眼이나 영안靈眼이 길러진다

사는 것이 팍팍하고 세상이 메마를 땐
찰지고 빤지르한 흙냄새가 그리워진다
풍진 세상을 이겨내며
쟁기를 잡고 논을 갈던 힘찬 아버지가 그립다

# 신리우체국

저녁나절 고즈넉한 거리엔
오렌지색 가로등 하나 둘 불을 밝히고
나는 빨간 우체통이 있는
사철나무 담장 길을 걷습니다
흐린 세월 속으로
불현듯 누군가 그리워집니다

신리우체국 지붕에는
지금 소복소복 눈이 내리고
별빛 같은 눈송이는
아스라한 추억으로
차곡차곡 쌓여 갑니다

오늘은 그리운 이에게
편지를 쓰며 밤새 취하고 싶어집니다
홀로 외로운 빨간 우체통은
이 밤도 누군가의 편지를 기다리겠지요

사람들은 우체국 창가에 앉아
우표를 붙이고 편지를 보냅니다
사랑하는 이에게
애절한 마음의 노래를 쓰기도 합니다

이별이 못내 아쉬워
못다 한 이야기를 바람결에 실어 보내고
추억의 이야기를
강심에 흘려 보내기도 합니다

신리우체국은 강물 같은 곳입니다
오랫만에 만난 이웃과 차 한 잔을 나누며
강물은 더욱 깊어지고
정에 겨운 사람들은 생화가 됩니다

신리우체국은
사람이 그리운 사람들에게
내일이 흐르는 시골의 강물입니다

## 별들의 고향

도시 한복판 지하에 있는 다방 이름이다
커피 한 잔에 천오백 원 하는 옛날식 다방이다

문을 열고 들어서면
육칠십년대 엘피판 유행가가
나지막이 흐르며 분위기를 잡는다

친구들과 점심으로 낮술까지 한잔 곁들인 참에
소싯적 무용담을 털어 놓으며 차 한잔을 마신다

궂은비 내리는 날
새빨간 립스틱 짙게 바른 마담과
도라지 위스키를 한 잔 마시면
짓궂은 농담을 걸어올 것만 같은 상상에 빠지는 곳이다

유행가 가사처럼 위스키를 파는 것도 아니고
노른자 동동 띄운 모닝커피를 파는 것도 아니다
레이스가 달린 분홍색 예쁜 앞치마를 두르고

예의 바른 상큼한 얼굴로 주문을 받는다

하루 종일 바둑을 두고 장기를 두며
사람을 기다리고 친구를 기다리고 애인을 기다리고
하염없이 옛 생각에 젖어 보기도 하는
사랑방 같은 편한안 분위기가 너무 좋다

바둑을 두다 때가 되면
짜장면도 시켜 먹는다
물론 마담 몫도 챙겨야 한다
하루 종일 있어도 커피 한 잔이면 족하다
어떤 날은 아침에 출근해서 저녁나절에 퇴근하는 때도 있다

# 폭풍전야

하늘에 먹구름이 몰려오자
담장을 기던 호박 넝쿨이 몸을 사린다. 바닥은 습기로 흥건하고 옥수수 밭은 불안한 바람으로 흔들린다. 녹슨 철문이 삐걱거리고 빨랫줄에 걸린 빨래들이 미친 듯이 뒤집히고 개들이 하늘을 바라보며 헛 울음을 운다.

모든 악마들이 골짜기로 모여들어 모의를 시작하는 시간이다.

번갯불이 허공을 가른다. 지축을 흔드는 천둥은 오후 아홉 시를 강타하고 유리창에 나뒹군다. 갑자기 구름은 폭우를 쏟아 내기 시작하고 하수구의 아가리는 물의 속도를 감당할 수 없다. 하늘이 무너지고 지상의 모든 것은 발목이 젖기 시작한다. 지하 월세방은 이미 잠겨 버렸다.

뱀처럼 민첩한 동작으로 구불거리는 물줄기는 천하무적이다. 방파제는 물의 위력을 방어할 수 없어 뒤집히고 지구는 물의 독침으로 휘청거리며 아수라장으로 변한다.

어떠한 것으로도 맞설 수 없는 독주, 폭풍은 가히 폭도로 돌변한다.

# 교차로

어둠이 쏟아지는 곡선의 포도 위엔
새벽이 뒹굴고 헐렁해진 길들이
빠알간 등어리를 식힐 때쯤
이정표는 두 눈을 부릅뜨고
불침번을 선다

교차로는 안개로 덮여 있고
주황색 가로등이
노숙자처럼 졸고 있다
출렁임이 뜸해진 새벽녘
길들은 잠시 눈을 감는다

그러나 순간
헤드라이트가 기습적으로
어둠을 뚫고 돌진한다
길들은 선잠을 털고
가로등 불빛 속으로 새벽을 숨쉰다

몰려오는 안개
안개 속에 묻어오는 아침의 빛
빛은 적막을 깨부수며
자동차의 굉음을 반사한다

오늘도 사람들의 고단한 삶은
극한의 회전을 시도하는 바퀴에 실려
심장에서 품어져 나오는
치열한 생존 본능으로 세상을 질주한다

# 삼각관계

된장은 아무것이나 잘 어울린다
시금치나 아욱국도 궁합이 맞는다
부추나 배춧국도 일품이다
칼칼한 맛을 내는 청양고추를
더한다면 가히 치명적이다
새봄에 돋아난 냉잇국은 천상의 조합이다
바지락 몇 마리도 담백한 맛을 거든다
밥상에 올라오는 향긋하고 구수한 냄새에
겨우내 움츠렸던 육신이 기지개를 켠다
된장은 어울리되 본질을 상실하지 않는다
어떤 재료이거나 잘 스며들어 맛을 만들어 내지만
냉이된장국은 사람과의 삼각관계에 선다
인간이 냉이와 된장을 끌어안음으로써
균형을 맞추어 가지만
냉이는 된장이 스며들 때 그것을 받아들이면서
독립성을 지향한다
냉이 속에 간직하고 있는 봄 냄새
따스한 봄날의 햇볕

풋것이 드러내는 비린내를 모두 풀어놓으며
된장과 개별적으로 작용한다
된장과 냉이와 사람은
삼각관계로 상생하며 맛을 잃지 않는다

# 겨울 백사장

멀리 수평선 하늘을 열고
바다 갈매기 허공을 찢는다
낡은 배 한 척 하얀 연기 흩뿌리고
함박눈 송이송이 수직으로 산화한다

차라리 바위일 것을
한 줌 모래가 손가락을 빠져나간다

탁본처럼 찍히는 발자국은
오랜 세월을 견뎌온 바람의 흔적

봄을 기다리는 나그네는
한 움큼의 해풍을 주머니에 담는다

눈송이에 젖은 등대가 외롭게 울고
파도 일렁이다
사그라드는 포말처럼
기약 없는 세월

일엽편주는 한 조각 햇볕으로 몸을 녹인다

# 심포 가는 길

심포로 가는 길
가을이 만경 뜰을 가득 채우고
가을비에 젖은 코스모스가
폭설처럼 내려 웃고 있다

버선발로 마중나와
반가운 님 기다리는
하얀 파랑 분홍꽃들
물빛 젖어 흔들린다

코스모스 꽃향기
백리길에 스미고
고개 숙인 벼이삭
지평선따라 반짝인다

우수에 물든 나의 가슴엔
가을비 내리고
꽃비 춤추니
옛사랑 흠뻑 젖어 아련하여라

# 갈대의 노래

시린 바람에
잿빛 머리칼 날리면
숲은 깊게 흔들리고
사르락 사르락
파란 하늘을 노래 부른다

청둥오리 깃털 위로 물방울 흩어지고
백조 한 마리
외쪽 긴 다리 물결에 잠길 때
아련한 깊이로 거친 숨 몰아쉬며
붉은 지평선을 노래 부른다

마음 외로운 나그네 길 가다가
은빛 숲길 서성일 때
저물어 가는 바다는 깊은 설움 묻으며
정다운 흔들림으로
두고온 고향을 노래 부른다

초승달 차갑게 떠오르고
별빛 흰눈으로 펑펑 쏟아질 때
가뭇없는 그리움 발톱처럼 돋아나
가슴 찢기우는 파랑새 되어
칼날 같은 고독을 노래 부른다

# 모악에 첫눈 내리는 날

겨울잠 시린 등줄기에
함박눈이 이불처럼 포근하게 내린다
가랑잎 털어낸 가지 위엔
소복소복 눈꽃 피우고
먼발치 감나무에 까치 한 마리
눈 쌓인 홍시로 점심 때운다
잠잠해진 광야엔 모악이 펼쳐지고
첫눈은 긴 잠으로 온다
하늘은 뿌연 안개에 덮여
하얀 분가루 내려주고
꽃단장에 바쁜 나무들은
소리 없는 함성으로
사르르 사르르 대지를 적신다
순백의 그림판에
다람쥐는 발자국 그려 놓고
솟대 위에 살포시 내려앉는 박새 한 마리
모악에 첫눈 내리는 날
나는 그믐달 같은 고향을 만나러 간다

# 그냥

애비다
그냥 한번 걸어봤다
뭐 할라고 전화합니까
아무 일도 없는데…
딸에게 전화한 아버지는 안절부절이다
그냥이란 말은
깊고
뜨거운 말이다
안부가 걱정될 때 핑계 삼아 하는 말이다
그냥은 정말 그냥이 아니다
보고 싶다
사랑한다
목소리가 듣고 싶다는 간절한 소망이다
그리움이 허기져서 하는 말이다
등뼈의 살을 발라낸
조선낫 같은 아버지의 등은
자식들의 발자국이 화인처럼 찍혀 있다
저녁의 이마위에 이슬이 맺힐 때면
자식들이 그리운 아버지는
그냥이란 말을 밥먹듯이 하고 싶다

# 도마의 일생

언젠가 내려칠 칼날의 무게를 짐작해 본다
수도 없이 받아 냈던 상처가 아물 때쯤
오늘은 벌거벗은 토종닭 한 마리가 무대의 주인공이다
칼날은 무디었다
내려칠 때마다 번번이 실패했고 온몸은 들썩였다
칼날의 담금질이 시작되었다
목이 날아가고
다리가 잘려 나가고
날갯죽지가 추풍낙엽이다
쾌도난마快刀亂麻랄까
얽히고 설킨 세상사를 정리하듯
정수리 우측 삼십 도의 각을 유지하며 내려친다
힘을 축적하며 잠시 호흡을 고른다
칼날의 정확도를 높이기 위해선 손목을 움직여야 한다
그때마다 도마의 상처는 깊어지고
붉은 피를 쏟아 내지만
빈혈 때문에 쓰러진 적이 없는지라
칼날은 아직 만신창이滿身瘡痍가 된 도마의 건강상태를

알 수 없다
자존심 때문에 버틸 때까지 버텨 보지만
언젠가는 심장은 물론 내장까지 파열될 것이 뻔하다
인간의 생존에는 도마가 선택이 아니고 필수인지 오래다
지구상에 인간이 생존하는 한
도마의 용도는 크게 바뀔 것 같지 않다
끝까지 칼날을 받아 내야 한다
그것이 자존심이고 태생적 한계이다

# 3부

# 뼛속 깊이 파고드는 허망한 실체를 찾아 헤맨다

# 목각

투박한 등걸에 칼을 꽂으면
골짜기는 사각사각 눈이 내린다
산마루에 걸친 어둠은 배경으로 고이고
손을 베지 않으려면 손목에 힘을 빼야 한다
칼은 가늘고 긴 목을 깎아 내고
어깨 위에 가느다란 곡선을 입히고
가슴을 흘러내리는 불빛을 다듬는다
젖가슴의 풍만함과 아름다움을 쪼아 내기 위해선
새벽달이 스러지는 것을 볼 수 없다
바람에 서걱이는 억새 소리가 들려올 때쯤
비로소
풀잎을 기어가는 뱀의 소리를 새길 수 있다
칼이 지나간 자리는
살점이 베이고 피로 물들어져 아픈 상처로 남는다
각선미의 흐름을 살려 내고
두드러진 음부의 산림 지대를 그려 넣을 때
새벽은 가까스로 어둠을 물고 놓지 않는다
부드러운 머릿결을 다듬고

아침이 오는 소리까지 새겨 넣으면
소록소록 내리는 눈발이
여인의 부드러운 어깨 위로 한 잎 한 잎 쌓여간다

# 귀천

저물녘 소풍 나온 사람들로
인사동 길은 적당히 북적인다
여유롭고 정겨운 걸음걸이와
머루 빛 풍경이 가슴에 불을 지핀다

가을 햇살이 성글어 갈 때쯤
거리는 숨박꼭질 하듯 하나 둘 불을
밝히고 피투성이가 된 새 떼들이
휴전을 하고 둥지를 찾아 나선다

사람들 속으로 발을 디디면
천상병 시인이 반갑게 손을 내민다
가난한 마음으로 귀천*에 들어서는 시간이다

대추차에 눈동자를 적시면

---

* 귀천은 인사동길에서 천상병의 부인 목순옥 여사가 조카와 같이 운영하던 카페 이름이다. 2010. 8. 26. 여사의 타계로 인하여 문을 닫고 지금은 꽃집이 되었다.

팍팍해진 가슴속은
별빛처럼 빤작이고
조그만 찻집은 금세 아늑하다

"이슬 더불어 손에 손을 잡고
나 하늘로 돌아가리라.
아름다운 이 세상 소풍 끝나는 날,
가서 아름다웠더라고 말하리라."**

깊어가는 가을밤
사람들의 발길이
소풍길로 빨려든다

---

** 전남진, 《천상병소풍을 마치고 하늘로 간 시인》, 도서출판 작은 씨앗, 2007, 198-199쪽.

# 기일忌日

아까시아 꽃내음이 빗물처럼 내리고
쪽배 같은 초승달이 싸릿문에 걸치면
밤안개 수북이 마당 위로 쌓이고
서낭당 고개 넘어 그리움이 달려든다

전주이씨全州李氏 십칠세손世孫 난자제자瀾字濟字
서기西紀 천팔백육십팔 년 팔월 이십일 일 생生
모년某年 음陰 사월 삼일 졸卒

동백기름 긴 머리 쪽져 누이면
가르마 길 타고 할아버지 오시는 날
할머니의 깊은 주름을 타고 한숨이 흘러내린다

풀섶 위에 이슬방울 수런거리고
흐린 달빛 속으로 빨려드는 오열
뼛속까지 파고드는 긴 세월의 무게가
할머니의 삭아 버린 가슴으로 질퍽하게 흐른다

붉은 밤의 잔광이 문풍지를 때리면
울대를 타고 흐르는 신음과 함께
새벽은 문풍지를 날리며 님을 보낸다

# 애인 있어요

오늘의 목적지는 호미곶이다
1박 2일의 여정이다
아침 여덟 시 출발하면 네 시간 정도 소요된다
그녀가 쉬지 않고 달릴 수 있는 거리다

그녀는 지금 차분하고 침착하다
목욕을 마치고 속옷도 깔끔하게 갈아 입혔다
햇살을 반사하는 백진주의 피부가 투명하게 빛난다
맑고 큰 그녀의 두 눈은 깊은 호수처럼 아늑하다

배고프지 않토록 최상급 메뉴로 양껏 먹게 했다
장시간의 여행을 위한 모든 점검도 마쳤다
예기치 않은 돌발 상황을 대비한 준비도 마쳤으며
그녀의 컨디션은 매우 양호한 상태이다

그녀와 내가 호흡을 맞춘 지 십삼 년이다
티격태격도 있었지만 별 탈 없이 잘 지내왔다
나는 그녀의 성격을 너무 잘 안다

나는 그녀의 건강 상태를 확실하게 알고 있다
따라서 언제나 어떠한 요구도 존중하며 받아들인다

출발 준비는 완료됐다
날렵하고 빠르며 안전하게 그녀와 함께할 것이고
어찌 보면 생사도 같이 해야 할 운명이다
그녀의 이름은 백구白狗이다
옛날에 내가 키웠던 강아지 이름과 똑같다
나는 그녀와 깊은 사랑에 빠져 있다
그녀 없인 나는 아무것도 할 수 없다
그녀는 오직 나만을 받아들인다
그녀는 피곤할 때도 불평 한 번 하지 않는다
그녀는 항상 침묵하며 나의 신호 없이 움직이지 않는다
그녀는 내가 사랑하는 나의 유일한 이동 수단이다

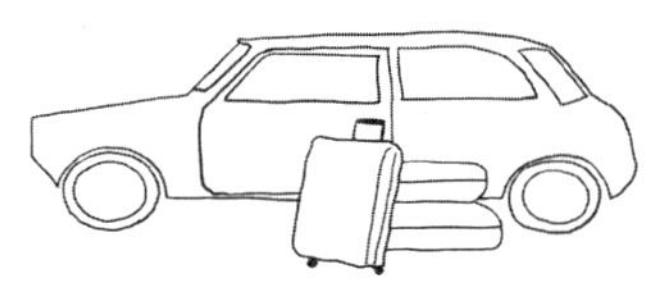

# 시詩를 키우다

시는 새벽녘에도 컹컹 짖는다
나를 깨우는 소리다
그 소리는
나만 들을 수 있다
때론 사납기도 하지만
아주 다정하다
나에게 속삭이며
불을 밝혀 준다
삼척안두三尺案頭에 앉아
조용히 안아본다
청정함이 마음을 어루만지며
망망함이 몸을 감고 휘젓는다
흐릿하게 안부鞍部를 내어주는
산이 보인다
시는 짐짓 너스레를 떨지만
집요하게 아침은 밝아 오고
갈색 일기장의 글씨는 선명하다
강렬하게 저항하는

태엽을 힘주어 감으며
내 옆에서 졸고 있는
시를 핥아 준다

## 짝사랑

허구헌 날 등대는
시린 가슴 칭칭 동여매고
하염없이 기다린다

뱃고동 울리면
버선발로 반기지만
님은 눈길 한번 주지 않아
밤새워 마른 울음으로 그리움을 달랜다

비바람 몰아칠 땐
눈물 훔치며
칠흑같은 어두운 밤 파도에 부딪힐 땐
행여 못 올까 가슴 저민다

그립고 그리운 이
언제 또 올까
수평선에 어깨 기대며
님 놓칠세라 조바심 탄다

뱃고동 울리는 밤이면
부르튼 발 마다 않고
님 오시는 길 불 밝히며
스미는 파도 위에 그리움을 포갠다

## 링거액

뚝
뚝
한 방울 한 방울
혈관 속으로 스민다

형광등 불빛은
창백한 얼굴로 병실의 하얀 벽을 더듬고
각혈을 뱉어 내는 혓바닥은 절망을 핥는다

혈관을 채우며 삶을 일으키는 링거액은
소임을 다하고 장렬히 사그라들지만
가장이란 완장은 가슴팍에 꽂혀
한 발짝도 움직일 수 없다

막막한 내일을
링거의 약발에 기대보지만
불어가는 병원비는 날짜와 비례한다
십일 층 난간에서 땅바닥까지의 거리를 계산해 본다

하늘 멀리 기러기 떼가 자유롭게 날아간다

기러기처럼
날 수 있다면
칠흑같은 어둠을 빠져나가련만
허기진 가슴에 한숨만 고인다

# 소리꾼

쇳소리가 바람을 가른다
세월에 젖은 우수가 목통을 타고 흐르면
소리 마디마디에 얽힌 인고의 뜨거움이
성대의 굳은살에 실려 바람과 함께 포개진다
아니리 한 소절에 손뼉 소리 바빠지고
신명나는 너름새로 온몸이 들썩댄다
물보라 흩어지는
소리의 파편은 인광으로 눈부시고
미간을 스쳐가는 영혼의 숨소리는
폐부를 찌르는 비수가 된다
폭풍처럼 휘날리고
파도처럼 몰아치며
호수처럼 잔잔하게
입자로 부서지는 소리의 향 깊고 그윽하다
바람마저 결박하는
단장의 애달픔이
아득함으로 무너질 때
춤사위에 자물려 짙어지는 눈망울
단애를 타고 흘러내린다

# 점심때

장맛비 내리는 복지관이
은빛 머리칼로 북적인다
점심을 먹기 위해
늘어선 긴 줄이 빛바랜 추억으로 출렁거린다

삶의 시간에 실려
여기에 서 있는 군상들의 가슴엔
그리움의 나이테 겹겹이 쌓이고
흔들리는 눈망울은 안개에 젖는다

기억의 일기장도 낡은 지 오래
깊은 고독과 외로움이
사윈 등골 사이로 흘러내리고
뜨거웠던 지난날은 가랑잎 되어 흩날린다

지순한 눈빛 하늘을 담으며
헐거워진 하루를 가슴에 새겨본다
소박했던 옛 추억 바스락거리면
흐린 등불 속으로 펄럭이는 그림자

# 경기전 돌담길

초가을 햇살 헐겁고
담장 넘어 백일홍 흩날린다
돌담 속 조선의 체취 스며들고
비둘기 한쌍 먹이 쫓는다

오백 년 숨길
도도한 흐름 따라
뿌리 적시며
역사의 갈기 어루만진다

오목대 넘어오는 흰 바람
가을 소리 담아 오고
한벽루 스치는 댓잎 소리
산 으름 익혀 달콤하다

조각구름 한가롭고
바람 한 뼘 정전을 서성이다
스러지는 햇볕 한 줌 물고서
굽이치는 돌담길

# 불꽃

함성으로 휘날리는 한반도기
일순 흥분과 달뜬 분위기를 흡인하는
긴장과 침묵의 도가니
관동 하키센터
페이스오프가 선언된다
번개처럼 움직이는 하나의 동그라미
빙판 위로 흘러내리는 땀방울
뜨거운 열기가 불을 뿜는다
평화가 춤을 추고
희망이 솟구친다
슬랩 샷을 막아내는 신소정
헬멧 속으로 흐르는 눈물
선혈처럼 뜨겁다
여섯 명의 전사들
스틱을 통해 전달되는
응어리 삭는 소리
아!
모든 것을 용해시키는 용광로의 불길
터질 것 같은 경기장은
하나의 불꽃이 된다

# 그리움

재 넘어
하늘 흘러가고
낮달 반짝인다

떡갈나무 등줄기에
다람쥐 한 마리
바다가 밀려왔다
살며시 돌아선다

풀잎 사이로
성근 햇볕 드나들고
해 질 녘 파도 부서질 때
저미는 그리움

저녁 노을 사위고
대숲 흔드는 바람 소리
새털처럼 가볍다

콩밭 매던 아낙네
바람 한 움큼
살며시 안아 본다

# 성묫길

고향집 울타리
코스모스 하늘거릴 때
늙은 감나무 푸근하고
할머니가 단감으로 열려있다

어머니의 함박웃음 걸친
수국 꽃 한아름 꺾어
다리뼈 추려내고 퇴원하던 형을
애타게 기다렸던 토방 마루엔
그리움 펄럭이는 동구 밖만 보인다

전답을 다 주고라도
다리만은 지켜야 했던 아버지의 자리
횟푸대 종이에 싼 뼛조각 몇 개
횟가루 적시던 그 눈물이
오늘은 성묘길로 흐른다

참새들 지저귀던 왕대 밭 숲은

흰눈 소리 사락대던 옛날로 남아
댓잎 소리 서걱대던 깃발로 남아
성뭇길에 드러누워 있다

# 납골당

뼛가루 한 줌
골호骨壺에 담겨 웃고 있다
구십칠 년의 삶이
바람에 실려 숨쉰다
고단했던 소풍길
한 뼘 유리창에
국화 한 송이로 생을 피운다
살아생전 기뻤던 일
살아생전 슬펐던 일
살아생전 보고 싶던 자식들이
한 줌 뼛가루에 고여
붉은 혓바닥이 핥아버린 마디마디에
새싹처럼 돋아난다
기쁜 날보다
궂은 날이 아팠던 구십 평생
미원동 골목길이 그리운 장모님은
오늘도 사슴 같은 눈으로
하염없이 창밖을 내다본다

## 페달을 밟으며

둥글게 둥글게
길들이 몸속으로 들어오고 빠져나간다
아득하게 뻗어 있는 곡선 위로 추억을 뿌리며
분수처럼 솟아오르는 주체할 수 없는 자유
언덕길도 오르고
내리막도 달린다
바닷바람 수런대는 동백숲도 지나고
바람에 흐느끼는 갈대밭도 지난다
굴뚝새 지저귀고
뻐꾹새 합창하는 산속길도 달려간다
강마을 지나서
강물처럼 흘러서 간다
살아왔던 흔적인 양
자국은 종아리의 힘줄처럼 선명히 찍혀
또 하나의 길을 만든다
모공을 솟구치는 뜨거운 땀방울은
지쳐 쓰러질 것 같은 하루의 기록
어둠이 내려오면
은륜은 별빛처럼 빛나고
하루의 삶은 등을 기댄다

# 시월그믐

포도 위를 뒹구는 가랑잎은
비수가 되어 가슴을 찌르고
외로운 삶은
시월의 끝자락을 붓잡고 서성거린다
샛노란 은행잎이 바람에 흔들리며
세월에게 어디쯤 가느냐고 묻는다
그믐달 흐리게 가을을 밝히고
어쩌다 짝을 잃은 사랑은 쓸쓸하고 수척하다
차운 바람 살갗을 에이고
홀로 남겨진 낙엽 한잎 옷자락 여미며
고독한 밤을 지샌다
나는 훗날 다가올 봄을 생각하며
창가에 기대어 호롱불을 지핀다
어느덧 새벽이 오고
시월 그믐이 서럽게 울며
가을을 데리고 멀리 떠난다

# 달동네

달빛 흐리고
별이 빛나는 밤
꼬불꼬불 경사진 길
세탁소 앞 골목에서 숨을 고르고
전주집에서
갈매기살 한 점으로
쇠주잔을 홀짝인다
부산상회 할매가
쌀 한 됫박과
연탄 한 장을 건넨다
공동변소 입구에서 손을 부비며
차례를 기다리는 군상들
겨울은 깊어가고
햇볕발 빠진 빨랫줄엔
옛사랑이 고드름처럼 걸려 있다
손 마주잡을 때
인생이 따뜻해질 수 있다고
믿는 사람들이 살고 있다

# 만다라曼陀羅*

호리병葫芦瓶 속의 새는 애초 날 수 없었다
천근 무게 버거운 만행승萬行僧의 바랑钵囊은
절대 고독을 숨쉬며
깊고 서늘한 눈망울을 억겁의 허무로 채운다
형언할 수 없는 비애가 바람을 탄다
객승은 홀로 설해목 누워 있는 산을 오르며
부유하는 속세의 본능과 치열하게 맞선다
욕망과 좌절이 극락과 지옥을 넘나들며
뼛속 깊이 파고드는 허망한 실체를 찾아 헤맨다
오르막 올올兀兀히 무상에 든 한 마리의 학
바람도 발꿈치를 치켜세운다
대각大覺을 향한 무공방無孔房의 죽살이
벽을 치는 마른 바람 소리에 창자를 씻어 내며
삶과 죽음의 경계가 허물어진다
객승은 보리수 아래 바랑을 내려놓고
끝도 시작도 없는 화두를 장삼長衫자락으로 가린다

---

* 만다라: 法界의 온갖 덕을 갖춘 것이라는 뜻으로 부처가 증험한 것을 그림으로 나타내어, 숭배의 대상으로 삼은 것

번뇌의 안개 뒤덮인 깊고 높은 천상의 문턱에서
형형한 눈빛으로 빈잔 가득 허공을 담아
욕정의 비린내 거둬 내며 한 송이의 만다라를 피워낼 때
잠자리 날개처럼 투명한 새벽이 산자락을 오른다

# 살인미소

이천십팔 무술년
유난히도 차갑고 매서운 겨울
제이십삼 회 동계 올림픽이 평창에서 열린다
세계 최다국과 최다선수들이 참가한다
북한도 참가하여 남한과 공동팀을 만들고
한반도기를 흔들며 남북한이 동시 입장한다
마식령 스키장에선 남북한 스키팀이 합동 훈련 후
같은 비행기를 타고 양양에 내렸다
렴대옥 양은 북한의 피겨스케이팅 페어 선수다
강릉 숙소로 가는 버스 속 함박눈 같은 그녀의 미소
열여섯 살 풋풋하고 상큼한 소녀의 미소
한탄강의 얼음을 녹여내는 가히 살인미소다
다숩기만 한 그녀의 눈망울엔 평화가 있고
순진무구한 그녀의 얼굴엔 장난기가 그득하다
오천만이 꿈꾸는 우리의 소박한 이웃이다
오천만이 염원하는 절박한 갈망이다
오천만이 고대하는 통일의 대한민국이다
매일 그녀의 웃음을 티브이 에서 봤으면 좋겠다
연습을 마치고 집으로 돌아갈 때의 그 환한 미소를

# 겨울 나그네

저물어 가는 강기슭에
가랑잎 툭 툭 떨어져
젖어 흐른다

한겨울의 엷은 햇볕이
초라하게 부서지고
노을은 잠시 머물다
강물에 잠긴다

강가에 매어둔 나룻배
어딘가로 떠나야 할 듯
혼저
바람결에 나부낀다

# 4부

# 우리에겐 아직
# 열두 척의 전선이 남아 있습니다

# 숙명

간장의 늪 속으로 서서히 잠기는 꽃게
눈이 맵고 혀가 꼬인다
사지를 움직일 수 없다

꿇어앉은 꽃게는 밤새 칠흑같은 어둠과 싸우며
질긴 숙명의 끈에 매달려 신음한다

벗어날 수 없는 늪지대
버둥거려 보지만 자유로운 유영을 통제 당한 어미는
벼랑에 서 있는 생의 끝을 예감한다

질곡桎梏에 갇혀버린 무력감은 회복할 수 없는 나락奈落

심장을 찌르는 통증은 죽음보다 더한 극한의 고통
절박한 아우성은 어둠으로 묻히고
가슴은 절망의 깊이를 가늠할 수 없다

치받는 깊은 설움에
눈꺼풀이 떨린다

# 도화천의 밤

옥녀봉이 능금 빛으로 붉어질즈음
기다림에 지친 목마른 밤이 기지개를 켠다
복사꽃은 싱그러운 바람으로 문질러지고
도화천 옥수로 목을 축인 붉은 이빨이
밤의 숙성을 기다리다가
비늘을 꺾으며 하나 둘 홍등을 밝힌다
밤이 고요 속으로 홍안을 드러내면
동백꽃 이파리 열고
동박새 검은 부리가 비릿한 꿀 내음에 취할 때
전라가 되어 버린 늙은 천사들은
승천의 시간을 놓쳐 버린 채
날개를 잃고 어둠을 헤매다
도화천 냇가에 몸을 씻는다
절대사랑을 기약할 수 없는 원죄는
신열에 달뜬 가녀린 신음 소리를 저주하며
웅어리진 세월도 한물 가버린 깃털 위로
새벽은 비수가 되어 꽂히고
짙은 밤꽃 냄새가 바람을 탄다

## 비가 내린다

비가 내린다
시커먼 하늘이 엉엉 울고 있다.
천년의 설움을 녹여내듯 줄기차게 내린다
하늘을 우러러 한 점 부끄럼도 남기지 않을듯이
굵은 빗줄기를 속절없이 쏟아낸다

엄마를 잃은 어린아이처럼
하염없이 울고 또 운다
실연의 쓰린 찌꺼기를 훑어 내리듯
아프디 아프게 주룩주룩 쏟아진다

세월의 흔적도 한꺼번에 쓸어내린다
아련한 옛추억도 잠겨 흐른다
눈에 어려 흘러가는 물결 속으로
웃으며 손 내젓는 어머니의 얼굴이
아롱아롱 너울거린다

빗방울은 포도 위를 미친듯이 때리며

바다에도 못 가는 슬픈 이야기를 쓴다
홀연이 길 떠나는
나그네처럼 정처없이 흐르고 또 흐른다

# 부잔교浮棧橋에 기대어

구름에 가려진 주홍빛 노을이
월명산 너머로 목을 젖히자
포구는 어둠에 휩쓸리고
상어를 닮은 어선들은
허연 배를 드러내며 출렁인다.

파도가 늙은 부잔교를 덮칠 때마다
삐걱거리는 소리가 정적을 깨트린다

부잔교 난간에 기대어 선
눈망울이 신음 소리를 내며
문득 잊혀진 회억 속으로
물결에 포개진다

칠흑같은 어둠 속
밀려오는 파도는 모든 것을 쓸어버릴 듯
허리를 꺾고 꾸억거리는
고단한 삶을 주저앉힌다

무엇을 바라보는가
무엇을 기다리는가

절박한 그리움은 어둠 속을 배회하고
짜디짠 바닷바람이 빈잔을 채우면
이승에 남겨진 그림자는
한 움큼의 눈물을 들어붓는다

## 여인과 외로움

아무도 그에게
외로움의 깊이를 알려준 일 없어
여인은 외로움의 무서움을 알지 못하였다

님은 가고 혼저 남아
산수傘壽를 바라보는 지친 밤하늘
사뭇 그리운 마음에 눈물 아롱거려
외로움 등불 삼아 밤을 밝힌다

님의 향기
햇볕으로 다가와 따스한 손 내밀고
바람결에 스쳐와 밀어를 속삭이는
그대는 그리움이런가

손마디가 시린다
관절이 삐꺽거린다
골을 다주어 사남매를 키워낸
굵은 주름이 훈장처럼 빛난다

깊어가는 차운 밤
흔들리는 어깨 위로
차갑고 깊은 외로움이
그믐달과 함께 허물어진다

# 서울역 7번 출구

귀향과 귀성으로 북적이던 서울역 광장은 설을 쇠고 난 후 차가운 바람과 함께 을씨년스럽다. 광장에는 몇 마리의 굶주린 비둘기가 먹이를 찾아 이리저리 고갯짓을 하며 종종걸음이다. 보기에도 땟국물에 전 듯 남루한 차림의 꾀죄죄한 여자가 이불을 뒤집어쓴 채 얼굴만 빼꼼히 내밀고 역으로 올라가는 계단에 앉아 있다. 꽤나 무거워 보이는 두툼한 배낭에 기대어 컵라면을 안주삼아 쏘주를 들이붓고 있다. 자세히 보니 여기저기 비슷한 모습으로 삼삼오오 담배를 피우거나 무언가를 먹으면서 서성거리는 나를 힐긋힐긋 쳐다본다.

낮 열두 시가 되자마자 늘어져 있던 그들이 잽싸게 움직이며 구 역사 쪽으로 길게 늘어선 대열에 합류한다 '네 이웃을 사랑하라.'고 쓰여진 어깨띠를 두른 몇 명의 여자와 한 명의 남자가 승합차의 트렁크에서 박스 몇 개를 내려놓고 포장을 풀고 있다. 김밥 두 줄과 음료수 한 개 생수 한 병을 검정 봉지에 담아 나눠준다. 선착순이다. 백 명 분이 다 떨어질 때까지다. 그러나 택도 없다.

주변을 둘러싸고 있는 수십 층의 아찔한 자본주의가 차디찬 김밥 덩어리와 단무지 한 조각을 우적거린다. 몸뚱아리는 여러 해 방치되어 혈관이 식어 버렸고 혓바닥엔 가시가 돋아 음식을 씹기 어려워 그냥 쑤셔넣는 수준이다.

한때는 꽃피고 빛나는 시절이 있었던 인생들이다. 어쩌다가 사업에 실패하고 신불자가 되고 책임을 짓지 못한 죄책감에 시달리다 차라리 노숙자가 되어 버렸다. 그들은 가족의 울타리를 벗어나 해체된 시간과 공간 속에 묻혀 허기진 가슴을 움켜쥐고 숨조차 제대로 쉴 수 없는 고독한 방랑자가 되어 하루하루를 죽을힘으로 버티어 간다.
듬성듬성한 누런 이빨 사이로 그리움과 아픔이 찬바람과 함께 새어 나온다. 염라대왕의 특사들은 몇 년째 사위어 가는 몸뚱아리를 예의 주시하고 있다.

형언할 수 없는 목마름이, 전율이 식도를 타고 싸하게 내려간다.

저녁은 바람과 함께 스산해진다. 자정이 되어 서울역 대합실이 문을 닫자 갈 곳을 잃어버린 천사들은 바람과 추위를 피해 퇴계로 방면 칠번 출구로 모여든다. 바람은 긴 통로에서 잠시 멈춘다. 한참 동안 통로는 하루의 휴식을 위한 자리다툼으로 치열한 전쟁이 벌어지고 결국 힘의 논리에 의해 그들의 잠자리가 정해진다. 물론 따뜻한 곳은 당연히 힘센 자의 몫이다. 주민증 갈취나 폭행도 거듭된다.

타일 바닥에 신문지나 박스를 깔고 하루의 쉼표를 찍는 시간, 그들의 거친 숨소리마저 행복해 보이는 천사들의 육신은 구겨진 넝마가 되어 버린 채 이십오 시를 마감한다.

새벽 세 시 문을 연 서울역은 첫차를 타기 위한 승객들로 붐비기 시작했지만 노숙자들은 미동도 하지 않은 채 바쁘게 스쳐 지나가는 수많은 발걸음 속에 그렇게 묻이며 또 하루를 시작한다.

서울역 지하도를 중심으로 을지로, 회현역 등지에서 수백여 명의 구겨진 고단한 삶은 오늘도 생수 한 병으로 아침을 들붓으며 허기진 내장을 채우고 사슴 같은 눈망울로 먼 하늘을 응시한다.

# 무희舞姬

손끝 바르르 떨리면
허공을 응시하는 눈빛 하늘에서 영글고
온몸 휘감는 소박한 춤사위는
사랑에 취한 방랑자의 고해성사
꿈꾸는 듯 말간 눈동자
깊은 사색에 잠기면
영혼까지 서려 오는 옥빛의 침묵
상처로 문신 되어진 가슴앓이는
세월의 더께 얹힌 뭉툭한 발가락 더듬는다
한 치의 흐트러짐도 없는 동선의 부드러운 각은
천상의 몸짓으로 승화되는 임계점臨界點
그곳에서 사랑은 시작되고 이별은 몰락한다
훠이훠이 흩날리는 움직임은 바람처럼 부드럽고
하늘을 향한 발가락 극한의 비상飛翔을 연출한다
다람쥐처럼 날렵하고 가벼우며 빠르다
숨소리조차 거추장스런 유연한 몸놀림은
태초의 고요를 호흡하며 자유로워진다
순간을 위해 무희는 또 세월을 조각한다

# 울돌목

일천구백오십칠 년 정유년 사월 초하루
이순신은 혐의를 벗었으나
삭신은 으스러져 깊이 고통스러웠다
임금의 공격 명령 불복과 전공에 대한 허위 보고 혐의였다
옥사를 치르고
백의종군이 된 이순신은 뼛속까지 시려왔다

남해로 내려오는 동안 백성들은 처절하고 피폐했다
초가지붕은 잡초로 덮여 있고
갯가엔 머리와 코가 베어져 나간
시체들의 무더기가 군데군데 쌓여 있다
덜덜덜 떨려 오는 이빨을 악물었다
배롱나무 흐드러진 이파리에 쑥대머리가 흔들린다

남해의 바다들은
길길이 뛰었고 파도는 죽음을 재촉했다
연안의 바람은 끈적끈적하고 역했다
칼을 잡은 손이 부르르 경련을 일으킨다

일휘소탕一揮掃蕩 혈염산하血染山河
한번 휘둘러 쓸어 버려야 하는 것을
뼛속의 심연에서 칼이 울고 있다

사각거리는 소리가 수평선 너머로 밤과 함께 와서
어둠 속을 흔들어 댄다
목숨은 내 것이 아니다
어디에서 싸우다 죽을 것인가
이것이 나의 지금이다
그러나 오늘은 아니다
칼을 잡은 손이 또 한번 꿈틀거린다

죽음은 도처에 널려 있고
피아를 분별하기 어려운 채 바다를 가득 메우고 있다
칠천 량의 패배는
살과 뼈가 분리되는 아픔으로 다가왔다

바다는 파도에 뒤채이며 내일을 알기 어려웠다

나는 장계狀啓를 올린다
전선이 비록 적으나 미천한 신이 죽지 않았으므로
적들이 감히 넘보지 못할 것입니다

적들은 모든 것을 공격했으며 처참했다
살아남은 백성들의 먹을 것은 말의 배설물뿐이다
바다는 무한의 깊이로 절벽처럼 내 앞에 있었고
마을과 백성들은 조선이 아닌 누구의 나라도 아니었다

나의 죽음은 한반도 남서쪽 끝자락
울돌목에서 판가름 날 수도 있을 것이다
신이시여!
우리에겐 아직 열두 척의 전선이 남아 있습니다

적의 함대는 물살을 타고 파도처럼 달려들고
수백 개의 깃발들이 함성처럼 일어선다
물길은 광분하고 물보라가 소용돌이쳤다
필사즉생必死卽生 필생즉사必生卽死

온몸을 던져 싸우는 자는 살아 남을 수 있을 것이다

나의 죽음은 남해를 내어줄 수 없는
마지막 보루가 되어야 할 것이다
죽음의 냄새는 바다 깊숙이 스며들어 있었고
울돌목의 일전은 조선의 존망을 가르게 될 터
이 몸은 오직 조선의 백성을 위해 바쳐질 뿐
하늘이여!
바라건대 왜적들을 모조리 섬멸할 수 있게 하소서

# 잔해殘骸

뽀얗게 흐린 아침 안개 속으로
강산은 풀이 일어나고 꽃이 피었다
개나리도 피었고 진달래도 피었다
목련꽃도 화알짝 피었고
라일락 향 흩어지는 고향집 토방에도 봄이 깊었다

아침 숲에서 새 떼 지껄일 때
봄날은 갔다
꽃들은 졌다
하염없이 가고 속절없이 떨어졌다
햇살 가득한 물비늘 붙잡고
어둠의 긴 터널 속으로 갔다

얼마나 추웠을까
얼마나 무서웠을까
얼마나 보고 싶었을까
길길이 소용돌이 치는 맹골수도 심연의 몸부림
하늘이 스러졌고 바다는 목이 메었다

푸른 나이
피우지 못한 꽃
뭉클거리며 솟아오르던 그 함박웃음
고요한 눈망울로 안기던 몸짓
하늘은 푸른 울음 삭이며 울부짖고 있는데
땅은 아득한 현기증으로 비틀거리는데
아이야! 어디에 있단 말인가
꽃송이여! 어디에서 지고 있단 말인가

비명과 몸부림 스며들어
손톱자국 선명한 잔해는
주검처럼 땅바닥에 누워있다

장대 같은 빗줄기 하염없이 쏟아지고
긴 머리카락 젖어 바람에 흔들린다
새끼를 잃은 에미의 눈빛은 허허롭고
뼛속을 갉아먹는 전율이 혓바닥을 맴돈다

오늘도 맹골수도孟骨水道엔 어둠도 빛도 아닌
여러 개의 그림자가 허망한 바람에 팔랑거린다

# 쏨뱅이탕 한 그릇

입추가 어제인데
폭염은 여름의 한복판을 내달린다
바다의 바람조차
꽁꽁 묶여 옴짝달싹 못하고
돌산대교를 가르는 케이블카는
아침 일찍 더위를 실어나른다
포말을 빚어내며 너풀거리던 여객선이
여천항에 도착하자마자
포획했던 물고기를 방생하듯
사람과 자동차를 한참 동안 토해낸다
잠이 덜 깼는지 남해의 바다는 잠잠하고
물결은 눈부신 햇살에 비늘처럼 출렁인다
금오도 비렁길 삼코스를 오른다
깎아지른 절벽을 따라
에메랄드빛 바다는 맑고 투명하다
파도는 단애의 발바닥을 아기처럼 간지르고
해풍은 솔잎을 건드리며 동백을 발가벗긴다
갯내음은 바람따라 콧속으로 사뿐 걸어와

풍진 세파의 고단함을 시원하게 씻어 낸다
서대무침 한 접시로 시장기를 달랠 때
마음 씀씀이 오지게 건 주인 아낙
쏨뱅이탕 한 그릇 수줍은 듯 건넨다
엄동설한 칼바람을 푸근하게 녹이는
봉놋방 아랫목처럼 정겨운 인심이
식도를 타고 아릿하게 흘러내린다

# 회색지대

회색지대는 오늘을 기점으로 분할 된다
나는 어제와 내일의 사이에 있다
그 사이는 점점 넓어진다
허무가 달려오고 절망은 벼랑을 기어오른다
너는 나이고 나는 너이다
어제가 오늘이고 내일도 오늘이다
늪은 몸둥아리에 매달려 더욱 깊어진다
허우적거리면 더욱 깊이 매몰된다
역린을 거스른 질서와 이념의 벽 속에
박제된 새처럼 어둠과 함께 깊이 침몰한다
나는 살엄음 비치는 저문 세상으로
뒷덜미를 잡혀 끌려가고 있다
어느덧 너와 나는 우리가 되었고
어제와 내일은 그제와 모래가 된다
모든 것은 헛갈리고
아무것도 변하지 않은 채 내일로 치닫는다
모두가 회색지대에 갇혀 허우적거린다
결코 넘을 수 없는 벽 속에 갇혀 탈출할 수 없다
중력에 걸려 방향을 잃은 채 유영을 계속하고 있다
나는 아홉 시 오 분처럼 긴 잠에 취해 있다

# 군산항 연안부두

밤이 깊어가자 거리는 초라했다
연안에는 크고 작은 고깃배들이 엉켜 있고
가장자리에 남아 있는 생선 비린내가 코끝을 맴돈다
철썩거리는 파도가 배를 건드리자
삐걱거리며 적막을 깨트린다
나는 나의 거리를 거닐어 본다
포장마차의 와사등이 외롭게 떨고 있다
잔을 기울이는 사람들도 왠지 고독해 보인다
내 마음도 덩달아 허전해진다
나는 부잔교를 걸으며
나의 잊혀진 세월을 바다 속에서 건져 올린다
첫 휴가를 나와 강경역을 지날 때
차창에 풍겨 오던 갯내음이 와락 달려든다
가슴에 얹혀 있던 옛날이 물결처럼 스미고
아련한 옛사랑이 추억 속을 맴돈다
뱃고동 소리를 타고
바닷바람이 밀물처럼 밀려온다
사랑을 알아가는 아픈 밤이
바다의 적요와 함께 깊어만 간다

# 경암동 철길마을

가끔
강아지 컹컹 짖어 대고
짧은 기적 소리 흰 고무신 속으로 묻힌다
지축 흔들릴 때 닭들이 울고
빨랫줄에 널린 웃음소리 들린다
낡은 이층집 뼈마디 삐걱거리고
화분에 뿌리내린 국화 송이들
침묵과 술래잡기한다
바람벽 흔들릴 때 나팔꽃 헐렁이고
철길 옆에 붙어 선 민들레 홀씨
굉음을 견뎌내며 바람에 입 맞춘다
커피잔 잡은 손 가볍게 흔들리고
기적 소리에 포개지는 늙은 아버지의 기침 소리
철길 막아서는 호박 넝쿨
등줄기 부서지고
전기줄에 매달린 참새 한 마리 짹짹거린다
구수한 저녁 냄새 장독대 스밀 때
구부러진 허리에 손주 태우는 할머니 웃음
빨랫줄에 내 마음 한쪽 걸어놓고
고단한 삶을 기차에 실어 본다

# 오케스트라

수십의 각기 다른 소리가 앙상블을 이룬다
손가락 끝에서 튕겨져 나간 소리의 눈은
깊은 여운을 남기며 다른 소리와 일체를 이룬다
다른 곳으로부터 터져 나오는 소리들은 무한의 공간에서
현란한 빛을 내며 한순간을 타오른다
현의 튕김으로 무질서가 시작되고
여러 개의 물소리가 낙하하는 순간
수백 개의 입자가 본래의 소리에 흡수되듯
소리들은 끊어지듯 이어지며 서로를 빨아들이고
이어져서 또 분산되며 고리를 만든다
소리의 생명은 알지 못하는 곳에서 멸하고
부서지는 곳에서 이어진다
흔들리다 허공을 맴도는 가는 소리와
굵으나 갈라지지 못하는 소리가 합쳐지며 화음을 만든다
소리의 근원은 가슴과 손끝에서 시작되고
메아리로 생은 멎는다
오직 보이는 것은 들리는 것을 머금고
들리는 것은 끝남이 없이 일어나고 없어진다

# 동백꽃 질 때

밤새 함박눈이 듬뿍 쌓였다
바다가 훤히 내다보이는 동백 숲에
선혈로 피어난 빨간 꽃
눈꽃 사이로 선홍색 꽃망울을 터트린다
하늘에선 눈가루 뿌려 대고
겨울향 묶어 놓는 샛노란 꽃술
차라리 너무 붉어 목이 메인다
눈보라 흩날리는 엄동설한에
선연한 꽃망울 피워 내다가
봄소식 파도탈 때 목을 꺾는다
천길단애로 낙화하는 적의의 무애無碍
낙화는 바람 한 줌 베어 물고 망부석이 된다
강렬한 아름다움 불타오를 때
동백은 온몸 던져 빨간 웃음 웃는다
동백은 떨어져서 웃는다
붉디붉게 떨어져서 웃는다
하늘을 우러러 한 점 부끄럼도 없이
끝내 동백은 떨어져셔 웃는다

# 바람

달빛 한입 베어 물고
휘청거리다
허리를 내어 주는 새벽
기습적인 공격에
허를 찔리고
젖은 발로 도망치는 아침
온몸을 조여 오는 깊은 태클에
태양마저 눈을 감는다
널브러진 세상은
폐허의 쓴맛을 음미하며
무릎을 꿇고
파죽지세로 동진하던 바람은
각도를 꺾는다
잠시 추춤하는 듯
공중제비로 방향을 바꾸고
압축된 힘을 폭발한다
무너지는 세상은
한동안 어지럼증을 앓는다
바람은 자국를 찍으며 유유히 빠져나간다

# 금강

결빙이 흐르는 봄날
강둑에 섰다
적막이 온몸을 감싸 안고
가파르게 꺾이는 물살은 아버지의
펄럭이는 두루마기를 닮았다

강은 면사포 넘어로
아득히 먼 정든 시간과
저물녘 연기까지 뒤섞여 흐르고
휘몰아치는 강물은
가슴으로 혈관으로
들랑거리다 가뭇없이 휩쓸린다

어릴 적 나룻배를 기다리던 강기슭엔
저녁 새떼들 비상하고
아버지의 손이
뜨거운 노을처럼 감겨 왔다가
무심히 강물에 흘러간다

어둠이 짙어 오고
나른한 설움이 외로움으로
밀려오다가
시간의 빛들이
나의 지나간 세월을 비추이며
빨아들인다

차고 푸른 별들 쏟아지고
어둠에 풍겨 오는 비릿한 냄새
나를 밀쳐낼듯 달려드는
간절함 속으로
그리운 옛날도 함께 흘러간다

# 간이역

갈바람에 코스모스가 나비처럼 하늘거린다
녹슨 철길 위로 햇빛은 둥글어지고
간이역 한 켠에는 이별이 쌓여 있다

쏜살같이 내달리는 정든
기차는 간이역을 지나치며
그리움만 빼곡하게 남겨 놓는다

기다림이 울고
이별이 울고
차창 밖으로 목을 뺀 사랑이 손을 흔든다

시월의 햇빛이 금빛처럼 빛나고
활짝 핀 코스모스는 역장이 된다
길게 뻗은 능선 위로
기차는 바람같이 지나가고
잎새들 노을에 젖어 발갛게 흔들린다

발그레한 차창 넘어
남루한 추억이 불현듯 생각나고
물결처럼 흘러가는 텅빈 시간은
역사驛舍를 가득 채우며
발자국 무성했던 플랫폼을 지킨다

가로등 희미하게 불을 밝히고
오지 않는 누군가를 기다려야 할 것 같다

# 막차

막차가 갈지자로 버스 정류장을 출발한다
네온사인 휘황한 도심을 지나
일요일의 황량한 거리를 바쁘게 빠져나간다
피곤이 땟국물처럼 흐르는 승객들은
듬성듬성 흩어져 졸거나 멍하니 앉아 있다
취객이 짊어진 초라한 배낭은
중년 사내의 고단한 삶을 무겁게 짓누른다
라디오는 내일도 장마가 계속될 것이라는
멘트와 함께 장내를 압도한다
젖은 추억들이 차창을 타고 빗물 속으로 스며들고
생머리를 늘어트린 중년의 여자가 발끝으로 리듬을 탄다
약수터에서 한 명이 내리고 승객은 여섯으로 줄었다
잠에서 막 깨어난 할머니가 긴 하품을 쏟아 내며
무료한 듯 차창을 두리번거린다
소강상태로 접어든 가느다란 빗줄기가 불빛 속을 흐른다
도심을 빠져나온 버스는 십칠번 국도를 쏜살같이 내달리고
라디오는 '차표 한 장'으로 뭔지 모를 그리움에 젖게 한다
신라역에서 나는 내리지 않았다

종점에서 나의 하루를 정리하고 싶어졌다
비를 맞으며 강변을 배회하며
물빛 시어들을 낚시질하고 싶었다
종점인 관평역에서 나는 내렸고
유일하게 종점까지 온 승객이 되었다
빗살은 굵어지고 고즈넉한 풍경은 비애를 자아낸다
대합실은 시름에 젖어 적막이 흐르고
나는 허망한 마음으로 빗줄기에 젖어든다

# 깜짝 세일

여수 앞바다가 아파트 입구에서 출렁인다
오징어가 팔딱거린다
싱싱한 오징어를 깜짝 세일합니다
마리당 삼천 원짜리 여덟 마리를 단돈 만 원에 드립니다
볶아 드시고 데쳐 드시면
그야말로 맛이 끝내줍니다
통통하고 싱싱한 오징어를 깜짝 세일합니다

장바구니가 들썩인다
만 원에 여덟 마리면 한 마리에 천이백오십 원 꼴이다
엄청 싸다
가디건을 걸치고 슬리퍼를 신는다
오징어는 오늘 식단에 계획이 없다
하지만 깜짝 세일이란다
늦으면 바닥이 나서 못 살 수도 있다
일단 사놓고 보자

묵직한 음성에 세련된 방송 멘트다

다급하게 몰아 붙인다
이런 싼거리를 놓치면 살림 못한다고 핀잔 먹을 것 같다
날이면 날마다 오는 세일이 아니다
충동구매는 이미 습관적이다
냉장고가 가득차서 버릴 것을 골라내야 한다
그러나 장바구니가 춤을 춘다
경제를 위해서는 소비가 미덕이다
이 나라 경제가 헐떡이고 있다

# 5부

# 뽀로로 붕붕이랑 시장놀이 어떨까요

# 구름빵

솜털 같은 뭉게구름 한 움큼과
코발트빛 은하수 두 컵
하이얀 사랑 소금 반 스푼에 간을 맞추니
모락모락 김이 나는 하얀 구름빵

구름빵 먹고 하늘에 오르면
조각구름 친구들이 반겨 준다네
별이랑은 소꿉놀이
달이랑은 술래잡기
뽀로로 붕붕이랑 시장놀이 어떨까요

"할아버지 난 언제 하늘로 올라갈 수 있을까"
"글쎄, 오늘 저녁 꿈속에서 날 수 있을 거야"
"정말로"
"그럼, 정말로 날 수 있지"

"와! 신난다. 할아버지는"
"할아버지는 무거워서 날지 몰라"
손녀딸 슬아의 눈동자가 금세 반짝거린다
손녀딸도 할아버지도 배꼽을 잡고 웃는다

# 대천해수욕장에서

은우는 금년 여섯 살이다.
나를 아빠라고 부르는 손자 녀석이다.
할아버지라고 불렀을 땐 정정하여 아빠라고 부르기도 한다.
처음 어느 날엔가 놀이에 빠져 엉겁결에 불렀지만 지금은 의도적이며 정말 아빠라고 착각할 때도 있는 것 같다.
놀기를 좋아하는 녀석은 가만이 앉아 있지 못한다.
나를 보채기 시작하면 별수없다.
놀이터의 놀이기구는 기본이고 자전거, 킥보드, 축구, 농구, 철봉, 딱지치기는 옵션이다.
목말, 업어주기, 안아주기, 격투기도 가끔 해야 한다.
옆 구르기, 앞 구르기도 시범을 보이며 따라 하도록 다그치기도 한다.
때론 먹을 것도 사주며 장난감도 사줘야 한다.
녀석과 같이 한 이틀 놀다 보면 주머니도 바닥이 나고 온몸이 쑤시고 아프지만 행복감이 구름처럼 밀려온다.
다음엔 안 놀아야지 다짐해 보지만 녀석의 익살스런 얼굴을 보는 순간 다 잊어버린다.

저녁엔 할아버지 옆에서 자고 싶다고 떼를 쓰기도 한다.

한여름이 잘 익은 수박 속처럼 벌겋게 익어간다.
오후의 태양은 바다를 향해 이글거리고 바다는 구름 속으로 숨어 보지만 파도에 밀려 물보라를 치고 만다.
녀석과 바다를 수박처럼 먹어 보기로 했다.
평소 물이라면 꺼벅 죽는지라 환호작약이다.
위험도 따르지만 재미가 쏠쏠하다.
사람들은 평소 바다의 깊이를 알 수 없어 정말 무섭게 생각한다.
그러나 녀석에겐 깊이란 개념이 없다. 무조건이다.
다이빙을 시도하다 보면 허우적거리기 일쑤이고 많은 물을 먹게 된다.
실패는 녀석에겐 도전 의지를 불태우는 기회에 불과하다.
녀석은 구명조끼를 입으면 그것이 모든 것을 해결해 준다고 생각한다.
내가 깊은 곳으로 들어가면 무조건 따라온다.
물장구를 치고 잠수를 하며 별별 장난을 치기도 한다.

주변엔 나를 비롯한 건장한 경호원들이 녀석을 감싼다.
녀석의 얼굴엔 함박웃음이 번지고 눈망울엔 기쁨이 가득하다.

성근 햇볕이 수평선을 가른다.
멀리서 파도가 칼처럼 휘어지며 뭍을 향한다.
바다의 아우성이 여름의 오후를 삼키고
개구쟁이 손자 녀석은 물놀이에 흠뻑 빠져있다

## 왜멀 외갓집

왜멀은 어머니가 태어나고 자란
충청도 외갓집 마을이다
군산에서 삼십 분 남짓 나룻배를 타고
금강을 건너야 한다

금강을 건너면 화양 나루터다
다리도 없고 여객선도 없던 예닐곱의 옛날
보석처럼 빤짝이던 물비늘이 눈에 선하다

소풍가기 전날 밤 설레이던 그날처럼
검정 고무신 닦아 놓고 기다리던 외갓집 길
채비를 마친 어머니를 따라 건너던 그 물길은
지금은 자동차도 다니고 기차도 강을 건넌다

서울로 간 외갓집은 헛헛한 도심 변두리
시력을 잃은 늙은 외숙모
세월에 젖은 주름진 손으로 내 손을 포갠다

옥수수 따고
냇가에서 첨벙대던 내 유년은
지금은
외갓집 마을 처마에
씨옥수수로 매달려 있다

## 지삿개바위

저녁 바다는 거칠고 파도는 사나웠다
나신의 발가락은 꺾이어졌고
몸뚱아리는 밤마다 흔들렸다
밤새 파도는 무서운 기세로 할퀴다가
아침이 되자 포말처럼 가라앉고
나신은 부서지는 햇볕에 나른해진 몸을 눕힌다
태곳적 용암으로 흐르다가 우둘투둘 굳어 버린 너
코끼리 피부 같은 두꺼운 껍질로 남아
억겁의 세월 동안 파도에 할퀴고 씻겨 내렸다
때로는 잔잔하게
때로는 우레처럼
때로는 예리한 칼끝이 되어
깎아내고 쪼아내며 세월을 벼리는 아픔을 견뎌
기둥을 만들고
육각을 만들고
병풍을 만들어 갔다
깊게 파인 상처는
천의무봉한 조각으로 태어나
비로소 영원한 신비와
아름다움을 하늘에 바친다

# 징소리

소의 울음소리다
밭고랑을 건너 언덕배기를 넘어
저녁연기 내뿜는
고향집 싸릿문을 밀치는 음~메 음~메

완급과 강약을 녹이고
장단과 고저를 매질하고
배음과 절정과 인고가 버무려져
맥놀이는 여음을 뽑아낸다

풍년을 기원하는 놋쇠의 살풀이는
수천의 매질과 담금질로
하늘의 울음이 되고
응어리진 민초의 소리가 된다

웅장하고 육중하며
길게
꺾고 꺾이어 나가다가
절체절명의 순간을 파고들며
소리는 삼라만상을 품에 안는다

# 매화가 웃는 방식

유폐된 겨울의 고독
먼길 걸어와
뼛속 적시는 외로운 몸짓
맑은 강물이 되어
뽀얀 달빛 품는다

이슬 한 방울
하늘에서 내려와
거친 살갗 애무할 때
사운대는 대숲 바람
망울은 희디흰 겨울 햇살에 옷을 벗는다

꽃잎들 소리 없이 촛불 밝히고
풀섶 일렁이는 흥건한 소리로
묻힐 듯 들리는 듯 옥음의 향기
미답의 깊은 속살
속살대는 바람에 살포시 흔들린다

눈보라 길게 회오리칠 때
살갗 뚫어 꽃망울 틔워 내고
홀로 외로워 창백한 얼굴로
엷은 향 퍼트리며 봄을 부른다

# 봄동

여물 잘먹고 싸놓은 똥 덩어리
겨우내 얼었다 녹았다를 수십 번
김장배추 추려내고 버려둔 무녀리
산밭에서 노랗고 파랗게 피어난다
포기마다 봄이 살아난다

우수도 지나 경칩이 눈앞이다
아직 골짜기엔 얼음이 살아 있다
잔설에 덮여있는 파란 잎은
겨울을 이겨낸 전설처럼 싱싱하다
상큼한 겉절이가 입맛을 돋운다

똥은 밥이다
지짐처럼 뜨뜻하다
말리붙은 추운 비늘을 털어내며
봄은 똥을 싸놓고
멀리서 향기를 풍긴다

춘궁기를 이겨내는 비타민이다
코끝을 간지르는 봄 향기다

# 빨랫줄

빨랫줄에 온 가족이 걸려 있다
하루 종일 산다
다스한 햇볕 활짝 웃음 띄우고
바람결 보드랍게 얼굴 간지럽힌다

은우는 통닭구이처럼 걸려 있고
슬아는 스카이 댄서처럼 신나게 춤을 춘다
엄마도 팔을 내두르며 힘차게 춤을 추고
아빠도 신이 나서 어쩔 줄 몰라 한다

아빠는 바지에 왼손을 구겨 넣고
쇼윈도의 마네킹처럼 서 있다가
갑자기 흔들기도 하면서
은우가 귀엽다는 듯 함께 춤을 춘다

슬아네 식구들은 가끔 빨랫줄로 소풍을 간다
맑고 화창한 날을 골라
엄마랑 아빠랑 개구쟁이 은우도
소풍을 간다
정말 신나고 재미있는 날이다

# 서귀포에 부는 바람

바람은
귤나무 이파리 물고와
살짝 내려놓고는
저 혼저 어둠으로 깊어져 간다

바람은
짭조름한 파도를 몰고 와
야자수를 놀래키다가
귀엣말로 사랑을 속삭인다

곤히 잠든 엉겅퀴와 갯장구채를
심술궂게 흔들어 댄다

바람 속에 서 있는 나는
바다를 휘몰아치는 소용돌이에 갇혀
견딜 수 없는 간지럼을 탄다

하늘을 향하여

목청껏 소리지르고 싶어질 때
바람은 다시 태어난다
끝없이 펄럭이는 자유로운 잎새로

# 장구목 풍경

여울목 내려가는 물 소리
촬촬촬
물속을 헤엄치는
고추잠자리

다슬기 건져내는
달뜬 여인들
물장구치는 아이들
폭염을 내달린다

수천 년이 빚어낸
공룡 바위는
여름볕에 달궈져
물소리 말리운다

뭉게구름 바위에
누워 햇볕 가리니
용궐산 넘어
낮달 한가롭다

# 개구쟁이 일학년
– 손녀딸의 초등학교 입학을 축하하며

이천육 년 유월 이십사 일
병술년丙戌年 해시亥時
밤하늘 밝히던 반짝이는 별 하나
하늘에서 내려와 손녀딸이 되었네

뱃속에선 이슬이 세상 나와 이슬아
손꼽아 기다렸던 길고 긴 열 달
너와 내가 인연 되어 할아버지 되었네

돌 지나자 옹알옹알
한 발짝 두 발짝 아장아장
아가야 이리 오렴 뛰뚱뛰뚱 걷는 모습
앞뒤에서 손벽 치며
함박웃음 꽃 피었네

다섯 살에 유치원
비가 오나 눈이 오나
커다란 가방 메고 삼 년 세월 지나니

이제는 초등학교 일학년이 된다네

스릴 만 점 롤러코스터
무섭지도 않은지 타고 또 타고
바이킹 고함소리 정말 정말 재밌었네
퍼레이드 기다리다 깊은 잠에 빠진 공주
등에 업고 자장자장 너무너무 행복했네

아이스크림을 아킴이라 불러 대니
할아버지 할머니
알아듣지 못하고
번번이 실수하며 배꼽 잡던 기억들

할아버지 등에 업고
할머니 손잡고 유치원 가던 길
쫑알쫑알 참새처럼 할 말도 그리 많던
즐거웠던 유치원 길 엊그젠듯 삼삼하네

할아버지 물 한 잔에 진수성찬 차려 내고
할아버지 편지 보고 엉엉 울던 손녀딸
다섯 살 되던 해
할머니 보고 싶어 전주행을 했던 일

하하 호호 웃으면서 잘 자라줘 고맙구나
똥침 놓고 깔깔깔 청개구리 깔깔깔
뽀로로 붕붕이랑 신나게 놀던 기억
할아버지 놀려 대던 개구쟁이 손녀딸
행복했던 기억들이 모락모락 생각난다

구름빵 먹고 하늘 날던 꿈 꾸고
한 손에 팝콘 들고 한 손은 할아버지
점박이 보던 기억 새록새록 펼쳐진다
신밧드의 모험에선 벌벌 떨던 겁쟁이
일학년이 된다네

## 나의 살던 고향은

콩이파리 나풀대는
밭두렁 길이다가
긴 세월 변함없는
동구 밖 둥구나무이다가
실개천 넘나드는 징검다리이다가
끝내는 치맛바람 휘날리며 휘적거리던
어머니로 돌아와
가슴속을 풀무질한다

자줏빛 구름 풀밭
쟁기에 뒤집히고
늙은 소 울음소리
싸릿문에 걸칠 때면
아까시아 하얀 꽃
밥물처럼 끓는다

개여울 마른 숲엔
산비둘기 구구거리고

강물에 잠긴 그림 같은 눈썹달
고요하게 흐른다

꽃목걸이 목에 걸고 깡충대던 누이 얼굴
빛바랜 추억으로 아른거리고
잔기침 콜록거리던 아버지의 숨소리
워낭 소리 포개져 나의 새벽을 깨운다

# 두물머리

묵디묵은 그리움
먼 길 돌아와
레게머리 솟구치며
속살 섞어 정을 나눈다
봄비도 함께 어울려 잔칫날이다

검룡소 물줄기
남한강으로
옥발봉 천릿길
북한강으로
양수에서 만나 포옹하며
뜨겁게 만난다

강물은 밤새 하늘 닮아
별빛 담아내고
속마음 털어놓는 곰삭힌 그리움
시간이 모자란 듯
흐르고 또 흐른다

푸른 하늘 바라보며
그리웠던 세월
이렇게 만나 한곳으로 흐르니
목이 메던 그 옛날 언제이던가
얼싸안고 춤을 춰보자

# 쇠똥구리

시시포스의 바윗돌처럼 무거운 경단을 굴리는데
몇십 광년의 힘겨운 물리적 시간이 필요하다

그뿐이랴
가볍게 보이는 수십 배의 버거운 무게와
풀포기 하나, 돌맹이 하나는 생사가 엇갈리는 극한의 장애
거친 들판에는 동족이자 적인 무리들과
공중을 배회하는 무서운 눈들과 맞서야 한다

방패는 끈기와 배짱과 맨발의 청춘뿐이다

길 없는 길은 견고한 벽
물구나무는 무모한 모험이지만
은하수의 암호를 해독하며
네 개의 발과 두 개의 촉수로 버텨 낸다

두려움은 무한의 집착에 빠져들고
원형의 무게를

이동하는 앞발의 속도는
뒷발의 탄성과 비례한다

때로
지구와 같은 모습의 경단은
우주를 배회하다 다른 행성과 부딪히며 부서지기도 하고
힘센 동족의 횡포에 약탈 당하기도 한다

낭떠러지에 매달린 죽음의 순간에도
헛짚어 두세 번의 공중제비에도
앞다리의 근육과 악력으로 버티어 내기 힘들지만
그러나 포기할 수 없는 생존의 이유가 있다

우직한 근면은 완강하게 삶을 버티며
생명의 씨를 뿌린다

새벽이 집요하게 밤을 꺾고 어둠을 밝이듯
마침내 생존의 이유를 완성하고
생의 종지부를 찍는다

바닥을 기는 삶의 여정이 황금빛 견갑堅甲으로 빛나는
순간이다

# 라일락 그늘에 서면

라일락 그늘에 서면
분홍빛 향기가 들린다

비에 씻긴 초록들의 두 뺨이
향기에 젖고
여울목에 실려가는 파란 하늘
물소리 말갛다

바람에 묻어오는 짙은 내음 흩날리면
관음전 처마 끝에 목어 한 마리
참선을 시작한다

라일락 그늘에 서면
고향의 냄새가 들린다

하얀 꽃이파리 이슬에 젖어
누이 같은 향기 피어오르면
달려드는 유년이 촛불처럼 깜박인다

저녁 바람 잔잔하고
보리수 잎 흔들릴 때
장명등長明燈 붉 밝히고
범종은 향기에 취해 뜨겁다

# 신호등

질주가 멈춘 분기점을
넘어서기 위해 응시하는
부엉이의 예리한 눈

반대편에서 기다리는 다정함
빠르게 깜박이는 불빛
불빛과 다정함은 비례한다

손닿을 것만 같던 무지개는
한 움큼의 현란한 빛을 반사하며
안개처럼 사라진다

교차하는 사람들의 어깨 부딪히는 소리가
새끼를 잃고 물속을 유영하는 돌고래의
울음처럼 아프고 시리다

숫자가 점멸하는 동안
작별 인사를 나누는 사람들은 극지에서

극지로 손을 흔들며 빠르게 흡수된다

햇빛에 녹아내린 엿가락은
굉음으로 늘어붙어
낯설어 보이는 다정함을 양편으로
가르며 도시를 흔든다

# 얼음의 시간

자유로운 흐름은 빙점에서
투명한 벽으로 가로막힌다

차가움으로 달궈진 결빙의 아우성과
원형을 상실한 허망한 가슴은
빙벽 속에 갇히고
한 치도 허용되지 않는 밀도는
가슴을 압박한다

숨쉴 수 없는 어둠의 시간은
언젠가
눈물이 되어
바다로 흘러가는 장엄한 서사시를 쓰고 싶어진다

다른 어떤 것으로도 대체할 수 없는
자명한 죽음의 시간 속에서
흐르고자 했던 동결의 고통

봄이 오면
대지를 적시고
생명을 시작하고
만상을 키워내는 흐름으로
바다의 심연을 솟구치는 자유가 된다

# 완행버스를 타고

대둔산행 버스를 탔다
타자마자 젊은 청년이 자리를 양보한다
기특하고 고맙다
내가 늙어 보인다는 게 아쉽지만
세월을 속일 수는 없는 것 같다

내 또래의 아낙들 대여섯이 앞자리를 차지했다
일행인 것 같다
전주역을 지나 고산 화산 경천 운주를 거친다
아낙들은 구수한 사투리로 정담을 주고받는다
손주 손녀 자랑에 아들 며느리까지 나온다
소소한 일상을 고스란이 까발린다
손벽을 치고 웃으며 발을 동동 구른다
내 사정과 비슷한 얘기들이라 나도 모르게 공감이 간다
적막한 버스 속이 활기차고 정겹다

대둔산 휴게소에서 집라인을 탔다
한여름 땀방울을 줄줄 흘리며 콧바람을 쐬었다

코스가 다르고 속도가 빨라 제법 스릴이 있다
봉고차를 타고 내려오는 동안 사장은 자랑을 한다
규모가 세계 최고이고 년간 매출은 십팔억이란다
내국인은 물론 외국인 관광객도 제법 많단다

여름은 짙푸른 녹음으로 향기롭고
느릿한 완행버스는 추억을 안고 귀로를 재촉한다

# 경비원 윤달수

윤달수는 내가 살고 있는 아파트 경비원이다
나를 만나면 호탕한 웃음으로 기를 죽인다
익살스럽고 웃음기가 가득하다
오른쪽 손과 다리가 불편해 보인다
칠십 가까운 적지 않은 나이에도 불구하고
항상 친절하고 부지런하다
끊임없이 청소를 하고
재활용품을 골라내고
풀밭을 매고
낙엽을 쓸어 낸다
정해진 휴식시간에도 무언가를 하고 있다
“윤 선생! 쉬엄쉬엄 하세요”
그 말을 콧등으로 들으며 사람 좋은 웃음을 지어낸다
스스로 하면 주인이고 시켜서 하면 머슴이다
그는 우리 아파트의 주인이다
고된 일과를 신나게 소화한다
다정스런 표정으로 웃음을 잃지 않는다
어릴 적

소풍날 비가 오면 어떻게 하나
밤새 하늘을 바라보던 심정으로
출근 날을 기다린단다
폭염이 내리쬐는 삼복더위에
한줄기 소나기처럼 시원해진다

# 냉콩국수

초복이 며칠 뒤인데 연일 폭염이다
날이 갈수록 기승을 부린다
에어컨을 켜고
얼음찜질을 해 보지만
그때뿐이다
냉수를 벌컥벌컥 마셔도 본다
빙과류도 먹어 보지만 그때뿐이다
온몸은 송골송골 땀방울로 범벅이 된다
이럴 땐 냉콩국수가 제격이다
메밀 국수사리를
얼음 동동 띄운 서리태 냉콩국에 말아먹는다
구수하고 담백하고 쫄깃하다
어머니의 냉콩국수가 먹고 싶다
여름이면 생각나는 시원한 냉콩국수
태양 이글거리는 점심나절
왕성한 식욕이 탐내는 음식
그리운 어머니가 생각난다

# 에필로그

## 1. 문학이란 다른 사람을 이해하고 사랑하며 살아갈 수 있는가를 확인하는 과정

일상을 살아가는 동안 나는 예상치 못한 것으로부터 일순 코끝이 찡하거나 가슴을 후벼파는 연민과 감동을 느끼기도 하고 경이로운 자연의 생명력과 아름다움에 현기증을 느낄 때가 종종 있었다.

무술년이 가고 기해년이 며칠 지난 어느 날 천변을 산책하다 풍파를 이기느라 피부가 우툴투툴한 가녀린 매화나무 가지에 혹한을 견뎌내며 조그맣게 새 움이 돋아나는 것을 발견하고 그 혼신의 몸짓에 나의 게으름과 무례한 삶을 꾸짖으며 먹먹한 가슴을 쓸어내린 적이 있었다.

나는 늦은 나이에 문학에 입문하여 시를 공부하면서 문학만이 나의 여생을 버텨낼 수 있다는 확신을 갖게 되었다. 왜냐하면 문학이란 인간적인 보편성을 찾아내기 위해 처절한 고독과 외로움을 견디면서 다른 사람을 이해하고 사랑하며 함께 살아갈 수 있는가를 확인하는 과정이라고 생각했기 때문이다. 그것이야말로 인간이 가진 슬픔과 좌절을 딛고 이겨내는 작업이라고 믿은 까닭이다.

시에는 정답도 없고 왕도도 없다고 했다. 어느 문학인은 문학이란 결국 삶에 대해 끝없는 질문을 던지고 존재에 대해 깊이 성찰해야 하는 것이기 때문에 시인은 적막이란 무서운 짐승을 기다리는 고독한 사냥꾼이 되어야 시를 짓게 된다고 하였다. 어떤 이는 시인이란 시를 끝낸 순간이 아니라 시를 쓰는 순간에만 존재한다고 하였는데 이것은 끊임없는 창작의 괴로운 기쁨을 맛보아야 한다는 경구가 아닌가 생각된다.

나는 오랫동안 문학에 대한 부러움과 동경은 물론 문학을 통해 위로를 받으며 살아왔다고 생각된다. 그래서 그런지 언제인가부터 나의 마음속에는 막연하게 글을 써야 한다는 강박감 같은 것이 자리하게 되었다. 그러나 문학은 쉽게 곁을 내주지 않았다. 퇴직 후 이리저리 방황하다가 종심從心의 나이를 넘기면서 문학에 대한 동경은 시를 공부하게 하였고 시를 쓰게 되면서 내 자신을 뒤돌아보고 성찰할 수 있는 기회를 갖게 된 것이다.

나는 그동안 표출하지 못했던, 까마득하게 잊어버리고 있었던 욕망과 고뇌와 사랑이 뒤엉킨 나 자신을 볼 수 있었고 그것은 지독한 독성을 가진 삶에 대한 무디어진 감정이란 것을 알수 있게 되었다. 우선 오염된 정신과 육체를 해독시키는 작업이 필요했다. 또한 인간이기 때문에 불가피하게 갖게 되는 약점이나 페이소스, 삶 속에서 아팠던 무의식의 세계를 통째로 드러내며 정신적인 성숙에 다가가려고 많은 노력을 시도했다.

그때부터 흐르는 물소리가 들리고 산새들의 지저귐을 들을 수 있게 되고 꽃이 피어나며 아파하는 소리를 이해하게 되었다. 풀 한 포기 돌덩이 하나가 내 눈에 들어오고 그것들은 어느 날부터 시로 소리를 내기 시작했다.

시나 수필 등 문학의 완성은 저서가 있어야 한다는 말이 있다. 인간은 누구나 표현 욕구를 가지고 있으며 저서는 그 표현의 한 형태일 수 있기 때문이다. 시란 과연 무엇인가? 나는 과연 시를 쓸 수 있을까? 나는 지금 시를 제대로 쓰고 있는지 전전긍긍하며 습작했던 시들, 여러 문학지에 투고했던 시들을 다듬어 보면서 어쭙잖은 생각이지만 시집을 한번 내보면 어떨까 하고 생각하게 되었다.

나는 평소 여러 시인들의 시를 읽으면서 어떻게 이런 시적 언어를 구사할 수 있었을까? 어떤 영감이나 고뇌가 이런 시를 쓰게 했을까 하고 궁금해 했던 적이 한두 번이 아니었다. 독자들은 자기 나름대로 시를 이해하기도 하지만 시의 배경이 무엇인지, 시의 내용이 무엇을 의미하는지 좀 더 깊이 이해하고 또 그렇게 될 수 있다면 더 많은 감동과 즐거움과 위안을 받지 않을까 생각했던 적이 있었다.

그런 맥락에서 시인이 시를 쓸 때 어떤 사물이나 현상을 보고 감동을 느꼈다거나 영감이 떠올라 그것을 표현했다고 한다면 독자들이 그때의 상황을 어느 정도 이해할 수 있을 때 몰입과 감동의 깊이가 더해지지 않을까 생각되었다. 그러나 독자의 상상력을 유보한다는 부분이 다소나마 논란의 여지가 있지 않을까 생각되지만 적정한 수준을 유지한다면 그리 큰 흠이 되지 않으리라 믿는다.

또한 시인이 가지고 있는 평소의 감정이 아니라 그것의 증폭된 감정을 시라고 할 때에 그러한 상황에서 써진 시를 잘 이해하기 위해서는 그 시를 쓸 때 어떤 환경이나 조건에서 시를 썼는지, 어떤 생각을 하게 되었는지, 시인은 어떤 것을 바라보았는지를 체감할 수 있다면 시를 이해 하는 데 많은 도움이 되리라 생각되어 몇 편의 시를 골라 정리해 보았다.

아무쪼록 독자 여러분께서 졸작을 이해하는 데 조그만 도움이 될 수 있도록 시도하였다는 점을 양해하여 주시기를 부탁드린다.

## 2. 하찮고 소외된 것이 오히려 화려함으로 다가오다.

저물녘 갈색 노을이
둔치에 드러눕고
잔물결은 바람을 노래한다
풀꽃이라고
말하기엔 너무나 꽃인 것이
지천으로 깔려 있는 여린 개망초
소금을 뿌려 놓은 듯
강변의 고요를 휘저으며
사파이어의 깊은 향기처럼 눈부시게 빛난다
일망무제로 하늘을 메우는 보랏빛 향기
슬픈 오후를 어루만지고
나비 떼는
또 하나의 꽃이 되어
햇빛처럼 부서진다
잡초에 섞여 잡초같이 피는 꽃
바람결 마다마디 향기 나르며
이글거리는 태양을 받아들인다
시간의 소리를 알아듣는 듯
개망초란 이름을 숙명처럼 부여안고
하얀 뭉게구름 속으로

목마른 여름을 피워 낸다
풀 한 포기 돌멩이 하나
함께 일어나
한 조각 구름마저 끌어안으며
사람 없는 강가에서 눈이 시리다

「개망초 너는 왜 그리 화려한가」 전문

개망초는 너무나 흔하다. 여름이면 지천으로 피어나 하천 부지나 철도변 등 공터에서 군락을 이루어 만발하지만 잡초로 여겨 눈길 한번 주지 않으나 눈송이 같은 하얀 꽃을 피워 내는 번식력이 대단한 식물이다. 그것은 뿌리에서 다른 식물의 성장을 억제하는 화학물질을 발산하면서 번식하는 타감작용으로 인하여 군락을 이루며 생장할 수 있기 때문이다.

태양이 작열하는 팔월 중순의 어느 날 금강 하류의 자전거 길을 달릴 때 가녀린 모습으로 흔들리며 휘황한 향기를 흩뿌리던 일망무제의 개망초 군락. 갈색 노을이 드리워지는 강변은 흘러가는 물결과 겹쳐 흐드러진 꽃으로 목마른 여름을 이겨내고 있었다.

눈부시게 달려드는 개망초는 보랏빛 향기 풀풀 날리며 하늘을 메우는 화려한 자태로 시인의 눈길을 사로잡는다. 보잘것없는 잡초는 우아하고 품위 있는 모습으로 다가와 감히 눈길을 주지 않을 수 없는 화려함과 함께 모든 것을 압도한다. 화려하다는 말은 역설적이다. "잡초에 섞여 잡초같이 피는 꽃/ 바람결 마디마디 향기 나르며/ 이글거리는 태양을 받아 들인다." 누구도 눈길을 주지 않는 잡초, 비바람에 태양까지 견디는 악조건을 무릅쓰고 순결한 하얀 꽃을 피워내는 개망초는 어떠한 풍파도 이겨내며 꿋꿋하고 당당하게 삶을 살아가는 이 땅의 우리와 같은 이웃으로 인식되었다.

역설적이지만 갸날픈 몸매에 여릿한 꽃을 피워내는 개망초는 눈이 시리도록 화려함으로 다가왔으며, 겸소하지만 샛별 같은 순결함으로 가슴을 울리는 신선한 충격을 던져 주었다. 지극히 평범한 삶을 살아가는 민초들처럼 어떠한 어려움도 시련도 극복하며 삶을 지키는 개망초의 잔상은 시인에게 여름 내내 성찰의 시간을 갖지 않을 수 없도록 자극적인 것이었다.

개망초의 초라한 화려함은 시인에게 겸양과 비움과 이완을 가리켜 주었으며 그것은 무언가를 생각하게 하였고, 답습을 단절하고 기존과 기득을 해체하는 정신의 누적된 피로를 회복할 수 있도록 청량제 역할을 해주었다.

## 3. 목가적 사색을 통한 자기 성찰

억경대 오르는 길
고즈넉한 삼경사
스님의 독경 소리 청정하고
바람 소리 푸르다

야트막한 산기슭
돌탑 몇 기
풀섶에 묻힌 기원
노승은 풀잎을 버히고 합장을 한다

바람은 무더위 내려놓아
대이파리 가볍고 선선하다
매미 소리 잦아들고
종다리 울음 한결 청명하다

주황빛 노을 먼발치에 걸려 있고
호박잎 따는 아낙 한가롭다
외딴 초가집 저녁연기 피어오를 때
남고사 동종 소리 깊고 은은하다

「산책길」 전문

의식의 연속성을 통해 자아를 정의하려 했던 17C 영국의 철학자 '존 로크'는 "우리가 무엇을 생각하느냐는 우리가 어떤 사람이냐를 결정한다. 우리가 어떤 사람이냐는 우리가 무엇을 하느냐를 결정한다. 인간의 행동은 인간의 사고를 가장 잘 보여 준다."라고 말했듯이 사색은 인간의 행동에 결정적으로 관여함으로써 격조 높은 인격을 고양시키는 데 큰 역할을 한다고 볼 수 있다.

시인은 주화朱火라 불릴 만큼 뜨거웠던 여름이 처서를 고비로 한풀 꺾인 가을 초입의 어느 날 댓잎을 흔드는 시원한 바람을 동무 삼아 산책길에 오른다. 시간이 날 때마다 남고산 억경대 가는 길을 즐겨 오르는 시인은 고즈넉한 풍경이며 도심 속에 시골 풍경을 간직한 한적한 길이 너무 좋아 혼자 사색에 잠기곤 하는 길이다.

견훤의 웅대한 결의가 숨쉬는 성터를 따라 오솔길을 걷다 보면 한참 향기를 품어 내는 농염濃艶한 나무들이 말을 걸어올 때쯤 어느새 맑게 개인 머릿속엔 뭔지 모를 새로움이 돋아나고 가슴을 때리는 울림으로 숙연해지기도 한다.

청정하다 못해 푸르디푸른 바람결을 스치며 걷는 길은 때로 지나온 날들을 뒤돌아 보게도 한다. 나 자신답게 살아왔는지, 잘 살아왔는지 무수한 편린들이 머리를 스쳐 간다. 이제 지나간 날의 후회는 부질없는 일이고 내가 살아 왔던 삶과 인연을 맺었던 사람들에게 감사하고 고마워하며 마음을 내려놓는 연습이 필요하다는 생각이 든다.

남고사의 깊고 은은한 동종 소리를 들으며 내려오는 석양의 하산길은 가슴에서 무거운 돌덩이 하나를 내려놓은 듯 후련하고 개운하다.

## 4. 오염되지 않은 삶의 원색 지대

산기슭 오두막 낮달처럼 졸음 겹다
지게 위 쇠풀 한 바작 눅진하고
이랑을 메운 고구마 이파리
바람에 젖어 흔들린다

마당 한 켠
봉숭아 채송화 앙증맞고
빨갛게 물들여질 예쁜 손가락
그리움 펄럭이며 가슴 젖는다

철이른 코스모스 구색 맞추고
해바라기 몇 그루 껑충 서있다

황금빛 햇볕 눈부시게 깔리고
풀섶 사이로 잔바람 지나가니
개미 떼 종종거린다

장에 갔던 할머니 손녀딸 불러내니
졸던 강아지 달랑거리고
염소 한 마리 음~메 음~메 화음 넣는다

『시사문단』 등단 당선작 「산촌풍경」 전문

세상은 어지럽다. 사람들은 간곳없고 광풍을 일으키며 음속으로 달리는 자동차들의 굉음만이 거리를 누빈다. 지구 온난화, 오존층 파괴, 남북극 빙하 지대의 소멸, 핵무기의 개발 등 인간을 위협하는 환경은 가히 살인적이다. 우리는 불현듯 무언지 모르는 뭉클한 향수와 그리움을 느낄 때가 있다. 이럴 때 하룻밤을 묵으며 모든 걸 내려놓고 심신을 누이고 싶은 산중의 작은 오두막이 간절하게 그리워지기도 한다.

저물녘 초가집 굴뚝에선 저녁 짓는 연기가 피어오르고 고구마 이파리가 바람에 젖어 흔들릴 때 아빠를 기다리는 아이들은 할머니의 옛날이야기에 귀를 쫑긋하고 눈을 동그랗게 뜬 귀여운 모습을 한 채 평화로운 시간을 즐기는 풍경은 생각만 해도 마음이 행복해진다.

우리의 삶이 지향하는 여정이란 결국 심리적으로 안정되고 하루하루가 평화로운 일상일 것이다. 그런 의미에서 '산촌풍경'은 어쩌면 많은 것을 가지려 하고 더 높이 오르기 위해 목숨까지도 내몰아야 하는 현대인의 삶의 방식에 안식을 위한 근원적인 물음을 던지며 삶에 대한 방향을 가리키는 이정표라 할 수 있을 것이다.

『시사문단』 심사평은 이렇게 말한다.

> 서정은 인간을 정화한다. 인간 본래의 맑고 순수한 마음을 돌려준다. 우리는 잘 살기 위해 얼마나 잘못 살아왔는가, 부와 명예를 위해 서로를 배척하고 차별하고 질투하고 탐욕하고……, 그런 것들이 잘 살기 위한 방편이라면 우리는 얼마나 잘못 살아왔단 말인가. 서정은 이같이 잘못된 삶을 바로 잡는 기능을 수행한다. 조지훈의 「승무」나 박목월의 「나그네」가 우리 가슴에서 지워지지 않는 까닭은 특유의 서정성 때문이다. 서정은 시의 원천이요, 본류다. 어떤 주장이나 주의主義를 지향하지 않아도 서정은 그 자체로 하나의 완성에 이른다. 이내빈의 시도 서정 하나로 완성을 이룬 수작이다. 「산촌풍경」 역시 서정의 완결판이다. 제목 그대로 '풍경'만이 존재한다. 어느 한 줄도 의미를 위해 봉사하지 않았다. 그러나 우리는 충분히 그 무엇에 공감한다. "지게 위 쇠풀 한 바

작 눅진하고/ 고구마 이파리/ 바람에 젖어 흔들릴 때" 당신의 마음은 이미 수정처럼 맑아진다. "장에 갔던 할머니 손녀딸 불러내니/ 졸던 강아지 달랑거리고/ 염소 한 마리 음~매 음~매 화음을 넣으면 당신의 눈시울은 이내 젖는다. 이 모두 서정의 힘이다.

## 5. 극한 환경을 살아내는 인간들의 삶

중력 부재의 허공은
손끝을 자르는 혹한의 무대
겨울 햇빛이 차갑게 반사되고
거미줄에 매달린 한 마리의 거미는
빌딩의 유리창에 늘어붙은 세상의 오염과 사투를 벌인다

빈곤의 깊이를 알 수 없는 삶은
허공의 칼바람과 공방을 벌이며
연소되어 가는 체력의 한계에도 불구하고
생명을 담보하며 일상을 껴안는다

수직으로 떠 있는 점 하나가 허공을 이동할 때마다
도로 위의 군상들은

이리떼처럼 먹이를 찾아 헤메고
두려움은 조금씩 경련을 일으키며
로프를 잡은 손에 묻어오는 야비한 겨울의 공격

쓰디쓴 단내가 목구멍을 타고 올라올 때
변두리를 살아내는 하루는
한 발 디디면
낭떠러지가 되는
물러설 수 없는 한판 승부에 몸을 던진다

「허공의 사투」 전문

시인은 어느 겨울날 강남대로를 걷다가 수십 층의 아찔한 공중에 매달려 유리창을 청소하는 빌딩 청소원을 목격하고 나 자신을 반성하며 삶에 대한 자세를 새롭게 가다듬는 계기가 되었던 일이 있다. 경제난과 실업률이 한파처럼 닥치고 그것을 극복하기 위해 사투를 벌이는 수많은 사람들과 어떠한 역경도 마다않고 고난의 삶을 이겨내는 사람들의 인내와 소중한 직업 정신의 가치가 새삼 나를 일깨우는 에너지가 되었던 것이다.

우리 사회에는 상상을 초월하는 극도로 힘든 작업 환경 속에서 일하는 사람들이 많다. 우리 국민 대부분이 그렇

듯이 그들은 금수저가 아닌 노동 계층이다. 그나마 휴지기休止期가 길어 생계가 어려운 실정이다. 이른 새벽 가족들이 잠든 사이 빌딩 청소원은 집을 나선다. 가장이라는 무게보다 더 무거운 장비를 들쳐 메고 혹한의 무대를 향해 묵묵히 발을 옮긴다. 옥상으로 향하는 엘리베이터는 오늘 하루 중 그가 맛보는 가장 평화로운 시간이다. 유치원에 다니는 딸아이가 갖고 싶어 했던 커다란 곰 인형이 생각나고 어깨에 파스를 붙여주며 눈물을 훔치던 아내를 생각하며 결의를 다짐하는 시간이기 때문이다.

옥상에서 늘어트린 밧줄 하나는 그의 생명줄이다. 그 줄 하나에 생명을 담보하며 한 순간도 방심할 수 없는 자신과의 싸움이다. 그것은 유리창이 아닌 세상의 오염과도 사투를 벌이거나 세상에 대한 치열한 절규를 토해내고 있는 것인지도 모를 일이다. '밤이 깊어야 별이 더 빛난다'는 말이 있다. 로프를 잡은 손에 묻어오는 야비한 겨울의 공격은 그야말로 위험하지만 생명까지 담보해야 하는 극한의 사투를 더욱 값지게 한다. 그 일은 결코 자신만이 아닌 이 세상을 살아가는 모든 사람들에 대한 연민이며, 가족을 위해 자신의 삶을 위해 목구멍의 단내를 삼키며 한 판 승부를 벌이는 빌딩 청소원의 애환은 바로 우리의 자화상일 수 있다.

## 6. 근원으로부터 솟구치는 본질의 소리를 듣는 감각적 지각

하늘에 먹구름이 몰려오자
담장을 기던 호박 넝쿨이 몸을 사린다. 바닥은 습기로 흥건하고 옥수수 밭은 불안한 바람으로 흔들린다. 녹슨 철문이 삐걱거리고 빨랫줄에 걸린 빨래들이 미친 듯이 뒤집히고 개들이 하늘을 바라보며 헛 울음을 운다.

모든 악마들이 골짜기로 모여들어 모의를 시작하는 시간이다.

번갯불이 허공을 가른다. 지축을 흔드는 천둥은 오후 아홉시를 강타하고 유리창에 나뒹군다. 갑자기 구름은 폭우를 쏟아내기 시작하고 하수구의 아가리는 물의 속도를 감당할 수 없다. 하늘이 무너지고 지상의 모든 것은 발목이 젖기 시작한다. 지하 월세방은 이미 잠겨 버렸다.

뱀처럼 민첩한 동작으로 구불거리는 물줄기는 천하무적이다. 방파제는 물의 위력을 방어할 수 없어 뒤집히고 지구는 물의 독침으로 휘청거리며 아수라장으로 변한다.

어떠한 것으로도 맞설 수 없는 독주, 폭풍은 가히 폭도로 돌변한다.

제2회 신아문예대학 작가상 수상작 「폭풍전야」 전문

「폭풍전야」를 선정하는 데는 별 어려움이 없었다. 시인의 감각은 활짝 개방되어 있다. 생동하는 존재가 보여주는 꿈틀거림을 보고, 근원으로 부터 솟구치는 본질의 소리를 듣고, 그 뜨거운 열기를 피부로 느끼고 있다. '감각적 지각sense perception'은 우리가 외부 세계를 인식하는 최초의 관문이다. 시인은 감각적 지각으로 보고 느낀 대자연의 한 현상인 '폭풍전야'를 놀랍고 구체적인 이미지로 재현하고 있다.

'담장을 기던 호박 넝쿨이 몸을 사린다.'

'천둥은 오후 아홉 시를 강타하고 유리창을 나뒹군다.'

'하수구의 아가리는 물의 속도를 감당할 수 없다.'

'뱀처럼 민첩한 동작으로 구불거리는 물줄기는 천하무적이다.'

위에 인용한 시구들은 얼마나 강렬한 이미지를 뿜어내고 있는가. 이미지, 즉 심상의 보다 능동적인 시적 전개는 '메타포'로 나타난다. 이는 흔히 명사에 한정되는 것으로 생각하지만 동사도 얼마든지 메타포가 될 수 있다.

호박 넝쿨이 "몸을 사린다", 천둥은 "유리창에 나뒹군다" 등 인용문은 모두 사물에 인간의 속성을 부여함으로써 -따라서 의인법이라고도 함- 폭풍 전의 밤 풍경을 실감나게 묘사하고 있다.

물론 이미지는 대상을 재현하는 데 그치지 않는다. 그 대상을 바라보는 또 하나의 능동적 주체로 작용한다. 따라서 시인은 이미지를 통하여 존재하는 사물을 재현시키는 것만 아니라 비가시적 상태의 근원적 형태까지 복원하려 한다.

모든 악마들이 골짜기로 모여들어 모의를 시작하는 시간이다.

폭풍의 비바람은 물론 대기의 기상적 변화에 기인한다. 그러니 시인은 모든 것을 젖게 하고 잠기게 하는 흉포한 폭풍을 "악마들이 골짜기로 모여들어 모의"를 했기 때문인 것으로 본다. 시적 상상력이 바로 이런 것이다.

우리는 추상적 얘기를 듣는 것이 아니다. 시인은 우리도 직접 체험해본 폭풍전야에 대한 구체적 정황과 그 경험을 생생하게 되살리고 있다. 시가 갖추어야 할 큰 미덕이다. 「폭풍전야」를 선정하는 데 주저할 일이 없었던 이유다.

— 호병탁 「시 부문 심사평」 전문

## 7. 고독과 외로움은 인간의 원초적 정서

시린 바람에
잿빛 머리칼 날리면
숲은 깊게 흔들리고
사르락 사르락
파란 하늘을 노래 부른다

청둥오리 깃털 위로 물방울 흩어지고
백조 한 마리
외쪽 긴 다리 물결에 잠길 때
아련한 깊이로 거친 숨 몰아쉬며
붉은 지평선을 노래 부른다

마음 외로운 나그네 길 가다가
은빛 숲길 서성일 때
저물어 가는 바다는 깊은 설움 묻으며
정다운 흔들림으로
두고온 고향을 노래 부른다

초승달 차갑게 떠오르고
별빛 흰눈으로 펑펑 쏟아질 때

가뭇없는 그리움 발톱처럼 돋아나
가슴 찢기우는 파랑새 되어
칼날 같은 고독을 노래 부른다

「갈대의 노래」 전문

시인 신경림은 그의 고향 마을 뒤에 있는 보련산 꼭대기의 갈대 군락지를 보고 자랄 때 강에서 불어오는 바람에 갈대들이 몸을 떨며 울고 있는 모습을 보면서 인간의 설움이 잠재되어 있는 것 같다는 느낌을 회고하고 있다. 그의 시 「갈대」의 마지막 연 "산다는 것은 속으로 이렇게/ 조용히 울고 있는 것이란 것을/ 그는 몰랐다"에서 인간의 원초적 고독과 외로움이 잔잔하게 느껴진다.

누군가는 인생이란 사막을 홀로 걷고 있는 외로운 나그네와 같다고 말한 바 있다. 고독은 "죽음에 이르는 병"이라고 설파했던 '키에르 케고르'도 고독과 외로움은 생래적이고 숙명적인 것으로 바라보지 않았나 생각된다. 때문에 그것을 때로 즐기고 이겨내는 힘을 가질 때 행복해질 수 있다고 말할 수 있을 것이다.

시인은 차가운 겨울바람을 맞으며 홀로 순천만 습지를 여행한 적이 있다. 남해에서 불어오는 겨울바람이 다정하게 느껴졌다. 여름의 왕성했던 풍채가 다소 훼손되긴

했어도 실한 잿빛 머리칼을 날리며 사각대던 갈대밭의 풍경은 왠지 고독과 외로움을 더욱 짙게 채색하는 것 같았다. 왈칵 밀려오는 설움을 뱉으며 노을에 젖는 수평선을 따라 막연한 그리움에 갈대처럼 몸을 떨면서 「나그네 설움」을 흥얼거렸던 기억이 난다.

홀로 있다는 사실 그 자체가 고독을 의미하지는 않는다. 그러나 근본적으로 고독과 외로움은 내면의 어떤 부문에서 느끼는 일반적인 감정과 같은 감정의 일부분이 아닌가 생각된다. 원래 인간이란 홀로 태어나서 홀로 삶을 살다가 자연으로 돌아가는 존재인 것이기 때문에 고독과 공존할 수밖에 없다. 여기서 말하는 '홀로'라는 말은 주변에 아무도 없거나 자폐적인 삶을 의미하는 것이 아니라 스스로 삶을 이끌어 가는 주체를 의미하는 것이라고 볼 수 있다.

고독과 외로움은 인간의 원초적인 정서이므로 그것을 어떻게 받아들이고 극복해 나가느냐 하는 것이 삶을 살아가는 또 다른 방법이 아닐까.

## 8. 허허로운 가슴을 쓸어내리는 은빛 군상들

장맛비 내리는 복지관이

은빛 머리칼로 북적인다
점심을 먹기 위해
늘어선 긴 줄이 빛바랜 추억으로 출렁거린다

삶의 시간에 실려
여기에 서 있는 군상들의 가슴엔
그리움의 나이테 겹겹이 쌓이고
흔들리는 눈망울은 안개에 젖는다

기억의 일기장도 낡은 지 오래
깊은 고독과 외로움이
사윈 등골 사이로 흘러내리고
뜨거웠던 지난날은 가랑잎 되어 흩날린다

지순한 눈빛 하늘을 담으며
헐거워진 하루를 가슴에 새겨본다
소박했던 옛추억 바스락거리면
흐린 등불 속으로 펄럭이는 그림자

「점심때」 전문

시인은 거의 매일같이 국악원에서 오전 수업을 받는다.

끝나면 인근 복지관에서 점심 식사를 할 때가 많은데 고만고만한 노인들이 백이십여 석의 자리를 메우고도 줄을 서서 기다린다. 가끔 아는 사람들을 만나 커피라도 한잔 하며 이야기를 나누다 보면 손주 손녀 자랑에서부터 아들 며느리 이야기까지 시시콜콜한 일상을 까발리게 된다. "아! 나도 그래." 하고 무릎을 치며 같은 또래의 노인들이 대부분 공감하는 이야기다. 그러나 그들의 표정에는 어딘가 모를 외로움과 헛헛함이 나타나게 되고 결국은 넋두리가 되어 간혹 눈가를 적시는 일이 벌어지기도 한다.

시인과 같은 또래의 노인들은 대부분 천구백육십~칠십년대 한강의 기적을 노래하며 연평균 경제 성장률이 십 퍼센트대의 고도 성장을 이루던 시기를 살아왔던 세대들이었으나 국민소득은 천 달러에 미치지 못하여 사회적 경제적으로 열악하기 그지없던 시대를 일구며 청춘을 불살랐던 역전의 용사들이다.

못 먹고 못 입고 죽어라 일만 했던 세대들이다. 못 배우고 무시당한 세월을 보상이라도 하듯 소를 팔고 논을 팔아 가며 뼈가 부서져라 일해서 번돈으로 자식들을 교육시키고 잘 먹이고 잘 입히는 데 등골이 휘어지도록 열정을 쏟아 냈다. 칠십년대 후반 중학교 입학율이 칠십 퍼센트를 상회한 것만 보아도 가히 교육열을 짐작할 수 있을 정도다.

그러나 시대가 광속으로 변하고 국민 소득은 삼만 달러를 넘어섰으나 실업과 생활고는 여전하고 먹고 살기 위한 경쟁은 더욱 치열해졌다. 또한 핵가족화는 젊은 사람들의 가치관이나 인생관의 변화를 가져왔고 개인주의의 확산과 더불어 가족과의 연대감이 무너지는 부작용을 낳기도 했다. 그 와중에 우리나라는 고령화 사회에 진입하면서 노인 문제의 심각성이 대두되고 노인들은 갈 곳을 잃고 방황하며 사회로부터, 가족으로부터 소외되는 현실에 직면하면서 뜨거웠던 지난날이 가랑잎처럼 바스라지는 이방인으로 내몰리고 있는 것이다.

우스갯소리 같지만 삼식이는 간나세끼, 삼식에다 간식까지 챙겨 먹으면 종간나세끼라는 비속적 유행어가 생길 정도로 오늘날의 노인들은 허허로운 가슴을 쓸어내리며 허망하게 살고 있는지도 모른다.

## 9. 옛 추억을 재생해 내는 성묫길의 아픔

고향집 울타리  
코스모스 하늘거릴 때  
늙은 감나무 푸근하고

할머니가 단감으로 열려있다

어머니의 함박웃음 걸친
수국 꽃 한아름 꺾어
다리뼈 추려내고 퇴원하던 형을
애타게 기다렸던 토방 마루엔
그리움 펄럭이는 동구 밖만 보인다

전답을 다 주고라도
다리만은 지켜야 했던 아버지의 자리
횟푸대 종이에 싼 뼛조각 몇 개
횟가루 적시던 그 눈물이
오늘은 성묫길로 흐른다
참새들 지저귀던 왕대 밭 숲은
흰눈 소리 사락대던 옛날로 남아
댓잎 소리 서걱대던 깃발로 남아
성묫길에 드러누워 있다

「성묫길」 전문

누구에게나 고향이 있고 부모님과 형제자매가 있다. 고향에는 부모형제가 살아 계시거나 그렇지 못한 경우에는 뫼를 모신 경우가 허다하고, 형제자매와의 오붓한 추억이 서려 있는 곳이요, 어린 시절 같이 어우러져 지냈던 개구쟁이 친구들과의 행복한 즐거움이 채색되어 있다. 뿐만 아니라 희로애락의 순간들로 점철된 삶의 편린과 체취가 짙게 배어 있기 마련이다.

고향은 꿈을 담은 투박한 질그릇과 같다. 어머니 같은 포근함과 위안을 주는가 하면 거센 파도가 일렁이듯 회한을 일깨우기도 하며 안식과 희망을 주기도 한다. 고향을 가지지 않은 사람은 없다. 그러나 매양 고향에서만 평생을 사는 사람은 드물다. 많은 사람들이 직업이나 학업 등 여러 가지 사정 때문에 고향을 떠나 있기 일쑤인데 고즈넉한 저녁나절 휘영청 밝은 보름달이라도 만나게 되는 날이면 고향은 사나운 파도가 되어 가슴을 설레게하고 간절한 그리움으로 일렁이게 한다. 고향이 멀리 있든 가까이 있든 그러한 느낌은 매 한가지 일 것이다.

시인은 성묫길에 옛날 태어나고 자란 집을 지나치며, 늘 다니던 논 가운데 길을 따라 아버지의 손을 잡고 성묘를 가던 어린 시절의 추억에 잠긴다. 즐거움보다는 아픔이 저며오는 것은 왜일까? 그것은 어쩌면 부모님에 대한 은혜만큼 다 해드리지 못한 아쉬움 때문일 것 같다.

여기는 증조부님을 모신 곳이고 이곳은 조부님을 모셨다고 일러주시고, 제각에 들러 증조할아버지께서 쓰셨던

상량문을 자랑스럽게 읽어 주시던 아버지, 골수염을 앓던 어린 자식의 다리를 지켜야 했던 아버지의 자리, 만감이 교차되는 성묫길이다. 시인도 이제 부모님 산소를 벌초할 수 없는 나이에 이르러 더더욱 성묫길은 새삼스럽고 새롭게 느껴지기만 한다.

지금은 다소 먼 곳에 거주하고 있어 자주 성묘를 할 수 없지만 어릴적 아버지를 따라 형제들과 친지들이 함께 성묘하던 추억이 주마등처럼 스치며 깊은 상념에 잠기게 한다.

## 10. 언젠가 자연으로 돌아가게 될 인생

저물어 가는 강기슭에
가랑잎 툭 툭 떨어져
젖어 흐른다

한겨울의 엷은 햇볕이
초라하게 부서지고
노을은 잠시 머물다
강물에 잠긴다

강가에 매어둔 나룻배
어딘가로 떠나야 할 듯
혼저
바람결에 나부낀다

「겨울 나그네」 전문

생자필멸이다. 어느 때일지 알 수 없지만 시인의 삶도 머지않은 미구에 자연으로 돌아가게 될 것이다. 『삶과 죽음에 대하여』의 저자 '지두 크리슈나무르티'는 "삶의 모든 움직임을 인식할 수 있으려면 아주 깊이 이해해야 할 것이 세 가지 있다고 생각한다. 시간, 슬픔, 그리고 죽음이다. 시간을 이해하고, 슬픔의 중요성을 충분히 인식하며, 죽음과 함께 하는 것–이것들 모두 맑고 투명한 사랑을 요구한다. 사랑은 이론도 아니고 이상도 아니다. 사랑하거나 사랑하지 않거나 둘 중 하나다. 그것은 배울 수 있는 게 아니다."라고 말한다.

또 "죽음의 아름다움과 죽음의 놀라운 본질을 이해하려면 아는 것으로부터 자유로워져야 한다. 아는 것이 사라져야 그 안에서 죽음에 대한 이해가 시작된다. 그때 마음이 신선해지고 새로워지기 때문이며 그러면 두려움이 없어진다. 그런 다음에 죽음이라 불리는 그 상태에 들어갈

수가 있다. 그래서 처음부터 끝까지 삶과 죽음은 하나다. 현명한 사람은 시간과 생각 그리고 슬픔을 이해하며 오직 그런 사람만이 죽음을 이해할 수 있다. 매 순간 죽어가고, 결코 경험을 쌓아두거나 모아 놓지 않는 마음은 순결하며 따라서 변함없는 사랑의 상태에 있다."고 말한다.

저물어 가는 강기슭에 떨어지는 가랑잎처럼 죽음은 어느 날 갑자기 오는 것, 강가에 매어둔 나룻배처럼 혼자가 되어 어딘가로 떠나는 것이 인생이다. '지두 크리슈나무르티'는 또 이렇게 말한다. "과거(과거에는 가치가 있고 그것은 이용될 수 있으며 지식으로 활용될 수밖에 없다.)에 대한 애착이 없다면 그때 나의 살아 있음은 끊임없는 새로 태어남이며, 배움과 감동이 있는 모르는 것의 영역에서의 끊임없는 움직임이다. 그러므로 죽음은 궁극적인 홀로 있음이다. 따라서 거기에는 전혀 다른 종류의 삶이 있다."라고 말하며 죽음과 삶의 형태를 같은 관점에서 바라보고 죽음 역시 또 다른 삶이라고 피력하고 있다.

우리는 보통 죽음은 모든 것이 끝나는 것이라고 생각하는 것이 일반적인 생각인데 이글을 통해서 죽음은 끝이 아닌 새로운 시작이라는 위안을 받게 되는 것 같다.

## 11. 숙명처럼 받아들여야 하는 삶이 있다

간장의 늪 속으로 서서히 잠기는 꽃게
눈이 맵고 혀가 꼬인다
사지를 움직일 수 없다

꿇어앉은 꽃게는 밤새 칠흑같은 어둠과 싸우며
질긴 숙명의 끈에 매달려 신음한다

벗어날 수 없는 늪지대
버둥거려 보지만 자유로운 유영을 통제당한 어미는
벼랑에 서 있는 생의 끝을 예감한다

질곡桎梏에 갇혀버린 무력감은 회복할 수 없는 나락奈落

심장을 찌르는 통증은 죽음보다 더한 극한의 고통
절박한 아우성은 어둠으로 묻히고
가슴은 절망의 깊이를 가늠할 수 없다

치받는 깊은 설움에
눈꺼풀이 떨린다

「숙명」 전문

인간은 대부분 자유 의지로 생을 살아간다. 물론 환경적으로 혹은 생래적으로 그렇지 못한 삶이 있긴 하지만, 우리가 보통 숙명론이라고 할 때 이것은 삼라만상의 모든 과정이 어떤 신비하고 절대적인 힘에 의해 미리 결정되어 있으며, 따라서 모든 인간은 태어날 때 이미 변경될 수 없는 자신의 운명을 갖고 태어나기 때문에 이 운명에 순종해야 한다는 철학적 견해를 숙명론이라고 이야기하게 된다.

동식물의 경우는 숙명론이라 하지 않고 생득적, 생래적이라는 말을 쓴다. 왜냐하면 동식물의 경우 인간처럼 자유 의지를 갖지 못하고 태어날 때의 유전자에 의해서 살아가다가 약육강식의 세계에서 그 삶을 마감하기 때문이다.

숙명론은 필연적으로 자신의 처지를 개선하려는 인간의 능동적 · 주체적 측면을 부인하고 체념적 · 순종적 태도를 조장함으로써 신분이나 삶의 과정이 영원불변한 것으로 결정되기 때문에 인간의 자유 의지를 상실함으로써 자기발전이나 삶의 항진을 가로막는 요소로 작용되었다.

시인은 간장게장을 좋아한다. 아내의 간장게장 담그는 솜씨가 보통이 아니기 때문이다. 어느 날 간장게장 담그는 일을 옆에서 도와주다가 간장에 잠겨 발버둥치는 꽃게를 바라보면서 사람이나 동물이나 어떤 절대권력 앞에서는 장사가 없겠구나 하는 생각을 하게 되고 질곡에 간혀 무력감에 허우적대던 나의 젊은 시절을 생각을 하게 되었다.

극심한 좌절과 절박함으로 심신이 황폐해지던 때가 있었다. 해결 방안이 나오지 않자 결국 내 팔자려니 하는 숙명론적 입장을 취함으로써 상황을 방치했던 한때가 있었다. 나는 무기력했던 그때를 생각하면서 꽃게의 벗어날 수 없는 숙명에 연민을 느꼈던 기억이 난다.

## 12. 봉놋방 아랫목처럼 푸근하고 정겨운 인심

입추가 어제인데
폭염은 여름의 한복판을 내달린다
바다의 바람조차
꽁꽁 묶여 옴짝달싹 못하고
돌산대교를 가르는 케이블카는
아침 일찍 더위를 실어나른다
포말을 빚어내며 너풀거리던 여객선이
여천항에 도착하자마자
포획했던 물고기를 방생하듯
사람과 자동차를 한참 동안 토해 낸다
잠이 덜 깼는지 남해의 바다는 잠잠하고

물결은 눈부신 햇살에 비늘처럼 출렁인다
금오도 비렁길 삼코스를 오른다
깎아지른 절벽을 따라
에메랄드빛 바다는 맑고 투명하다
파도는 단애의 발바닥을 아기처럼 간지르고
해풍은 솔잎을 건드리며 동백을 발가벗긴다
갯내음은 바람따라 콧속으로 사뿐 걸어와
풍진 세파의 고단함을 시원하게 씻어 낸다
서대무침 한 접시로 시장기를 달랠 때
마음 씀씀이 오지게 건 주인 아낙
쏨뱅이탕 한 그릇 수줍은 듯 건넨다
엄동설한 칼바람을 푸근하게 녹이는
봉놋방 아랫목처럼 정겨운 인심이
식도를 타고 아릿하게 흘러내린다

「쏨뱅이탕 한 그릇」 전문

옛날 시인이 살던 동네에 잡화를 팔던 '바보상회'라는 작은 가게가 하나 있었다. 십 촉짜리 백열등은 물론 비스킷까지 없는 것이 없는 만물상회 같은 곳이었다. 근처에 가게가 없는 것도 아니었지만 먼 곳에서 일부러 '바보상회'를 찾는 사람들로 문전성시를 이루었다.

왜냐하면 세상이 각박해지고 대형마트가 생기면서 사무적이고 체계화된 분위기보다는 어딘가 모자라고 어수룩해 보이는 '바보'라는 명칭 자체가 우선 친근감을 줄 뿐더러, 쉰 남짓한 아주머니와 아저씨의 친절함은 물론 돈이 없어도 언제나 외상이 가능하고 몇 달이 지나도 외상값을 재촉하는 일이 거의 없던 터라 그곳을 찾게 되지 않았나 생각된다.

게다가 아이들이 심부름 오는 경우에는 어김없이 비스킷 한 봉지라도 들려 보내는 순박하고 인정 많은 사람들이었기 때문에 쉽게 다가갈 수 있지 않았을까 생각이 든다. 지금 생각해도 흐뭇한 추억이 아닐 수 없다.

나는 무더운 여름을 달래고자 아내와 함께 금오도를 여행한 일이 있었다. 입추가 지났다고는 하지만 숨이 턱턱 막히는 가히 불꽃 같은 여름이다. 바다를 바라보며 더위를 식혀 보자고 생각한 것이다. 땀을 뻘뻘 흘리며 비렁길을 산책하고 나니 바다에서 불어오는 바람은 풍진 세파의 고단함은 물론 달궈진 여름을 시원하게 씻어 준다.

비렁길에서 내려와 차로 오 분 거리에 위치해 있는 식당으로 향했다. 생선탕과 생선회를 파는 가게였는데 인터넷을 뒤져보니 꽤 알려진 식당이었다. 평일이라 그런지 그리 붐비지 않았다. 우선 서대무침을 한 접시 시켜놓고 기다리는데 메뉴판에 쏨뱅이탕이라는 처음 보는 메뉴가 적혀있어 주인 아주머니께 물어 보았다. 날카로운 가시가 많고 일명 빨간 우럭이라고 불리우는 생선이란다. 생선탕이 아주 시원하고 속을 달래 주는 데는 끝내준다면서 극구 칭찬을 한다.

서대무침을 먹고 있는데 얼마 후 식당 여주인이 쏨뱅이탕 한 그릇을 가져다 놓는다. 맛이라도 보란다. 지리라고 하는 맑은 탕이었다. 국물이 시원하고 감칠맛이 있었다. 계산대에서 실랑이를 하다 쏨벵이탕 한 그릇을 푸지게 얻어 먹게 되었다. 봉놋방 인심처럼 가슴을 타고 내리는 쏨벵이탕과 주인 아주머니를 잊을 수가 없다. 금오도를 다시 방문하게 될 것 같다는 생각이 든다.

## 13. 삼류시인의 애환

막차가 갈지자로 버스 정류장을 출발한다
네온사인 휘황한 도심을 지나
일요일의 황량한 거리를 바쁘게 빠져나간다
피곤이 땟국물처럼 흐르는 승객들은
듬성듬성 흩어져 졸거나 멍하니 앉아 있다
취객이 짊어진 초라한 배낭은
중년 사내의 고단한 삶을 무겁게 짓누른다

라디오는 내일도 장마가 계속될 것이라는
멘트와 함께 장내를 압도한다
젖은 추억들이 차창을 타고 빗물 속으로 스며들고
생머리를 늘어트린 중년의 여자가 발끝으로 리듬을 탄다
약수터에서 한 명이 내리고 승객은 여섯으로 줄었다
잠에서 막 깨어난 할머니가 긴 하품을 쏟아 내며
무료한 듯 차창을 두리번거린다
소강상태로 접어든 가느다란 빗줄기가 불빛 속을 흐른다
도심을 빠져나온 버스는 십칠번 국도를 쏜살같이 내달리고
라디오는 '차표 한 장'으로 뭔지 모를 그리움에 젖게 한다
신라역에서 나는 내리지 않았다
종점에서 나의 하루를 정리하고 싶어졌다
비를 맞으며 강변을 배회하며
물빛 시어들을 낚시질 하고 싶었다
종점인 관평역에서 나는 내렸고
유일하게 종점까지 온 승객이 되었다
빗살은 굵어지고 고즈넉한 풍경은 비애를 자아낸다

「막차」 전문

며칠째 장마가 계속된다. 더위는 비가 올 때 잠시 수그러들 뿐 비가 그치면 습도가 높아 후덥지근하다.

친구들과의 저녁 약속이 있어 차를 놓고 버스를 탔다. 비는 소강상태이다가 장대비를 쏟아 내는 등 오락가락이다. 친구들을 만나 밀린 이야기를 나누다 보니 술도 한잔 거나하게 걸치게 되었고 시간도 상당이 지났다. 친구들은 택시를 권했지만 시인은 버스를 타고 싶었다. 어둠 속에서 차창을 때리는 장대비 소리를 들으며 애수에 젖어 보고 싶어졌다.

막차를 탔다. 흐린 불빛 속으로 도심의 휘황한 네온이 눈부시게 쏟아져 들어온다. 승객들은 많지 않았으나 고단해 보였다. 더위에 지치고 장마에 지치고 삶에 지쳐 있는 반은 간이 되어 있는 것처럼 보였다.

시인은 자리를 잡고 앉아 흔들리는 차창을 바라보며 어딘가로 정처 없이 먼길을 달려보고 싶은 충동을 느낀다. 약수터를 지난 버스는 십칠번 국도를 쏜살같이 내달린다. 라디오에서 흘러나오는 유행가 「차표 한 장」이 역마살을 자극한다.

시인은 등단한 지 이 년이 채 못 되었다. 시를 쓰겠다고 하는 사람들이 일 년에 수백 명씩 등단이라고 하는 과정을 거쳐 시인으로 배출된다. 문학의 저변 확대와 활성화라는 이름으로 우후죽순처럼 늘어난 각종 문학지가 등단 작가들을 양산한다. 시인도 그중의 한 명이다. 현재의 실력과 앞으로의 가능성을 동시에 판단한다. 신인 등단 작가들 중에는 수많은 밤을 지새우며 치열한 작가 정신으로 창작에 몰두하며 혼신을 다하는 작가들이 상당수에 이른다고 한다. 그러나 시인은 어딘가 모르게 2% 부족한 듯 더 많은 공부와 문학적 소양이 필요하다는 생각을 떨쳐버릴 수가 없다.

인간에게 있어 동기란 사람의 행동을 조작하고 활기있게 하는 힘이다. 힘이 무엇인가를 움직이게 하는 것처럼 동기는 사람을 움직이게 한다. 어떤 행동의 방향과 강도를 결정하는 정신적인 힘으로 작용하는 것이 동기라고 한다면 시인에게는 성취동기가 부족한 것이 아닌가 생각이 들기도 한다.

심리학 용어에 '피그말리온 효과'라는 것이 있다. 어떤 일을 간절하게 원하면 이뤄진다는 뜻으로 긍정적 사고가 사람에게 좋은 영향을 미치는 것을 말한다. 조각가인 피그말리온이 조각상에 불과한 갈라테이아를 너무나 사랑하게 되어 아내가 되게 해달라고 매일 밤 기도를 올리자 이에 감동한 아프로디테 여신은 그 조각상에 생명을 불어넣어 줌으로써 피그말리온의 간절한 소망은 결국 이루어지게 된다.

시인의 간절한 소망이 부족한 탓일까? 노력이 부족한 탓일까? 그날 밤 섬진강변에 쪼그리고 앉아 주룩주룩 쏟아지는 비를 맞으며 조금은 비애에 젖어 시인으로서의 자신을 측은하게 바라보았다. 안타까운 마음으로 밤을 새우며 새로운 결기를 다지다 보니 나의 마음은 이미 후련해져 날아갈 듯 상쾌했다. 나의 낮은 수준과 부족한 노력과 저급한 능력을 인식한 때문이었다. 좋은 시인이 되게 해달라고 간절한 마음으로 갈구하며, 그렇게 될 것이라는 자기 예언을 통해서 더욱 분발하고 혼신을 다하는 시인이 되겠다는 각오를 다지는 계기가 된 값진 하루였다. 장대비의 효과였다.

## 14. 손녀딸과의 영원한 추억

솜털같은 뭉게구름 한 움큼과
코발트빛 은하수 두 컵
하이얀 사랑 소금 반 스푼에 간을 맞추니
모락모락 김이 나는 하얀 구름빵

구름빵 먹고 하늘에 오르면
조각구름 친구들이 반겨 준다네
별이랑은 소꿉놀이
달이랑은 술래잡기
뽀로로, 붕붕이랑 시장 놀이 어떨까요

"할아버지 난 언제 하늘로 올라갈 수 있을까"
"글쎄, 오늘 저녁 꿈속에서 날 수 있을거야"
"정말로"
"그럼, 정말로 날 수 있지"

"와! 신난다. 할아버지는"
"할아버지는 무거워서 날지 몰라"
손녀딸 슬아의 눈동자가 금세 반짝거린다
손녀딸도 할아버지도 배꼽을 잡고 웃는다

「구름빵」 전문

올해로 손녀딸은 중학생이 된다. 세월이 빠르다는 것을 견주어 알 수 있다. 할아버지 할머니를 유난히도 잘 따르던 손녀딸은 이제 사춘기가 되어 자기 또래의 아이들과 놀기를 즐겨하고 엄마, 아빠와 조금은 소원해지는 것 같기도 하지만 여전히 예전과 마찬가지로 명랑하고 활발하며 에너지가 넘친다.

얼마 전 겨울방학에는 여섯 살 아래인 동생까지 동행하는 할머니, 할아버지와 시간 보내는 스케줄이 있었는데 사박오일의 여정 동안 여러 곳을 들르며 재미있는 시간을 보냈다. 순간순간을 동영상으로 촬영하여 음악과 내

레이션을 곁들인 다큐를 제작하여 그의 솜씨를 자랑하는가 하면 온 가족을 배꼽이 빠질 정도로 웃게 만들었다.

손녀딸과 극장에서 처음 영화를 관람하게 된 것은 녀석이 여섯 살 때 서울의 모 백화점 영화 상영관으로 기억이 난다. 공룡을 소재로한 '점박이'란 에니메이션이다. 한반도의 백악기 시대에 살던 공룡 타르보사우르스의 재앙과의 싸움과 티라노사우루스 '애꾸눈과의 왕위 쟁탈전'을 벌이는 흥미진진한 영화였던 것 같다.

그뒤로 우리는 〈도라에몽〉, 〈겨울왕국〉 등 에니메이션을 보게 되었는데 어느 날 어디서 정보를 얻었는지 '구름빵'콘서트를 보여 달라고 떼를 쓰는 것이 아닌가. 할 수 없이 녀석을 데리고 동숭동에 있는 대학로 소극장을 찾게 되었다. 이것은 영화와는 달리 연극배우들이 노래도 불러가며 구름빵도 하나씩 던져가며 관객과 소통하는 연극인지라 한 시간여 동안 눈 한번 깜짝 않고 몰입했던 기억이 난다.

녀석은 정말 구름빵을 먹고 구름처럼 하늘을 날 수 있다고 믿는 것 같았다. "할아버지 난 언제 하늘로 올라갈 수 있을까." 하며 그 예쁜 눈으로 할아버지를 빤이 쳐다보던 녀석의 귀엽고 천진했던 표정이 생생하다.

우리는 이제 육 년 전의 그런 추억들이 쌓여서 많은 것들을 공유하는 좋은 친구가 될 수 있었다. 할아버지를 친구처럼 여기는 녀석은 할아버지의 비타민이자 힘든 일이 생기면 "할아버지 나 업어줘." 하고 기댈 수 있는 후원자로 남아 오랫동안 그의 성장을 지켜볼 수 있다면 행복할 것 같다는 생각이 든다.

## 15. 웃음을 팔지 않는 매화만의 미소

유폐된 겨울의 고독
먼길 걸어와
뼛속 적시는 외로운 몸짓
맑은 강물이 되어
뽀얀 달빛 품는다

이슬 한 방울
하늘에서 내려와
거친 살갗 애무할 때
사운대는 대숲 바람
망울은 희디흰 겨울 햇살에 옷을 벗는다

꽃잎들 소리 없이 촛불 밝히고
풀섶 일렁이는 홍건한 소리로

묻힐 듯 들리는 듯 옥음의 향기
미답의 깊은 속살
속살대는 바람에 살포시 흔들린다

눈보라 길게 회오리칠 때
살갗 뚫어 꽃망울 틔워 내고
홀로 외로워 창백한 얼굴로
엷은 향 퍼트리며 봄을 부른다

「매화가 웃는 방식」 전문

상촌 신흠(象村 申欽, 1566~1628)은 조선중기 한문사대가漢文四大家의 한 사람으로 이정구李廷龜 · 장유張維 · 이식李植과 함께 '월상계택月象谿澤'이라 통칭되는 조선 중기 한문사대가漢文四大家의 한 사람이다.

매화에 관한 그의 시 한 편을 소개한다.

桐千年老 恒藏曲 동천년로 항장곡
오동나무는 천년의 세월을 늙어가면서도 항상 거문고의 가락을 간직하고

梅一世寒 不賣香 매일세한 불매향

매화는 한평생을 춥게 살아가더라도 결코 그 향기를 팔아 안락安樂을 추구하지 않는다

月到千虧 餘本質 월도천휴 여본질

달은 천번을 이지러져도 그 본 모습이 변치 않으며

柳經百別 又新枝 유경백별 우신지

버드나무는 백 번을 꺾여도 새 가지가 돋아난다

그의 시에서 매화는 청빈을 지키고 불의에 저항하는 고고한 선비정신을 표현하고 있다. 권력과 돈을 추종하지 않고 의를 위해 목숨까지 초개처럼 버리는 정신, 어디에 어느 자리에 있든 민초들을 위하는 위민의 마음이 담긴 절절한 표현이 아닐 수 없다.

매화는 엄동에 꽃을 피워 미리 봄소식을 전해준다 하여 춘선春先이라 하기도 한다. 또한 매서운 바람을 이겨내고 꿋꿋하게 꽃을 피워 내는 매화를 가리켜 고결한 선비의 품격에 비유하기도 한다. 겨울이 되면 이파리 하나 걸치지 않은 나목이 되어 보기에는 죽은 듯하나 다음해 다시 꽃이 피는 속성에 연유하여 장수長壽의 상징으로도 여겼다.

옛날 선조들의 매화 사랑은 특별한 것 같다. 입춘이 되

면 매화를 찾아 나서기도 했는데 이를 탐매探梅라고 하였다. 퇴계 이황 같은 이는 좌탈坐脫하면서 마지막 유언으로 "매화에 물 주어라."고 하였다니 그야말로 매화에 대한 사랑이 유별했음을 짐작게 하는 일화가 아닐 수 없다.

매화는 다섯 장의 순결하리만치 상큼한 백색 꽃잎을 가진 아름다운 꽃이다. 소나무와 대나무와 함께 매화를 일컬어 세한삼우歲寒三友라 하여 시인 묵객들이 작품의 소재로 즐겨 다루기도 하였지만 꽃이 피면 오래가지 못하고 낙화하는 모습을 보면서 미인박명으로 비유되기도 한다.

특히 매화는 추위 속에서 꽃을 피우고 맑은 향을 퍼트리는 모습에서 우리는 어떠한 억압에도 굴하지 않고 불의를 극복하는 대쪽같은 선비의 기질을 보면서 많은 것을 배우기도 한다.

"눈보라 길게 회오리칠 때/ 살갗 뚫어 꽃망울 틔워 내고/ 홀로 외로워 창백한 얼굴로/ 옰은 향 퍼트리며 봄을 부른다."

혹독한 추위를 이겨 내고 꽃을 피워 내는 과정은 외롭고 고독한 작업이다. 그러나 옰은 향을 퍼트리며 봄을 부르는 것이 매화가 웃는 방식이라는 것을 알게 될 때 우리의 삶은 더욱 충만하고 행복하리라 믿는다.

## 16. 즐기는 자는 행복하다

윤달수는 내가 살고 있는 아파트 경비원이다
나를 만나면 호탕한 웃음으로 기를 죽인다
익살스럽고 웃음기가 가득하다
오른쪽 손과 다리가 불편해 보인다
칠십 가까운 적지 않은 나이에도 불구하고
항상 친절하고 부지런하다
끊임없이 청소를 하고
재활용품을 골라내고
풀밭을 매고
낙엽을 쓸어 낸다
정해진 휴식시간에도 무언가를 하고 있다
"윤 선생! 쉬엄쉬엄 하세요"
그 말을 콧등으로 들으며 사람 좋은 웃음을 지어낸다
스스로 하면 주인이고 시켜서 하면 머슴이다
그는 우리 아파트의 주인이다
고된 일과를 신나게 소화한다
다정스런 표정으로 웃음을 잃지 않는다
어릴 적
소풍날 비가 오면 어떻게 하나
밤새 하늘을 바라보던 심정으로

출근 날을 기다린단다
폭염이 내리쬐는 삼복더위에
한줄기 소나기처럼 시원해진다

「경비원 윤달수」 전문

'천재는 노력하는 자를 이길 수 없고 노력하는 자는 즐기는 자를 이길 수 없다.'는 말이 있다. 어차피 이 세상에 태어났으니 사람들은 행복하기를 원한다. 남보다 더 많을 것을 가지고 남보다 더 큰 권력을 가지고 행세할 때 행복해질 것이라고 대부분의 사람들은 생각한다. 그러나 경비원 윤달수 선생은 즐길 때 행복하다는 교훈을 시인에게 가르쳐 준 사람이다.

서재를 정리하다 보니 버려야 할 쓰레기가 너무 많아져 내일까지 기다릴 수 없어 밤 열 시가 넘은 시간에 쓰레기장으로 내려갔다. 처음 보는 얼굴이었다. 아파트 경비원의 복장을 하고 있어 수고한다는 인사와 함께 처음 뵙는 얼굴이라 말했더니 어제 발령을 받고 근무 중이라 했다.

마침 그때 그 시간은 정해진 휴식 시간이다. 다른 사람들은 자거나 쉬고 있는데 유독 그이만은 그 늦은 저녁에 쓰레기장을 정리하고 있는 것이었다. 처음 와서 그런가 보다 생각하고 아무렇지도 않게 잊어버리고 있었는데 오며 가며 자주 마주치게 되었다.

다리를 절룩거리며 아파트 현관 앞을 쓸어 내고, 쓰레기를 치우고 재활용품을 정리하며 그는 전혀 쉬는 틈이 없어 보였다. 시인은 그를 만나게 되면 버릇처럼 하는 말이 "윤 선생! 쉬엄쉬엄하세요"이다. 그러나 그는 항상 사람 좋은 웃음을 지어내며 "일하는 게 즐겁고 행복합니다. 고맙습니다."라고 응수한다.

그가 이 아파트에 온 지도 벌써 한 오 년쯤 된 것 같은데 처음과 마찬가지로 밤이고 낮이고, 항상 친절한 웃음을 잃지 않고 쓰레기장이며 아파트 구석구석을 신출귀몰하며 행복을 즐기고 있는 것 같다. 밤새 행복을 기다리며 날이 밝기를 기다리는 그가 부러울 뿐이다.

이내빈 시집
개망초 너는 왜 그리 화려한가

인 쇄 2019년 4월 1일
발 행 2019년 4월 5일

지은이 이내빈
발행인 서정환
펴낸곳 신아출판사
주 소 전라북도 전주시 완산구 공북1길 16
전 화 (063) 275-4000, 252-5633
팩 스 (063) 274-3131
이메일 sina321@hanmail.net
출판등록 제465-1984-000004호
인쇄 · 제본 신아출판사



ISBN 979-11-5605-616-4 03810
값 10,000원

이 도서의 국립중앙도서관 출판예정도서목록(CIP)은 서지정보유통지원시스템 홈페이지(http://seoji.nl.go.kr)와 국가자료공동목록시스템(http://www.nl.go.kr/kolisnet)에서 이용하실 수 있습니다. (CIP제어번호: CIP2019012220)

Printed in KOREA

※이 책은 신아문예대학작가상 수상자에게
신아출판사가 제작비 전액을 지원하여 발간했습니다.